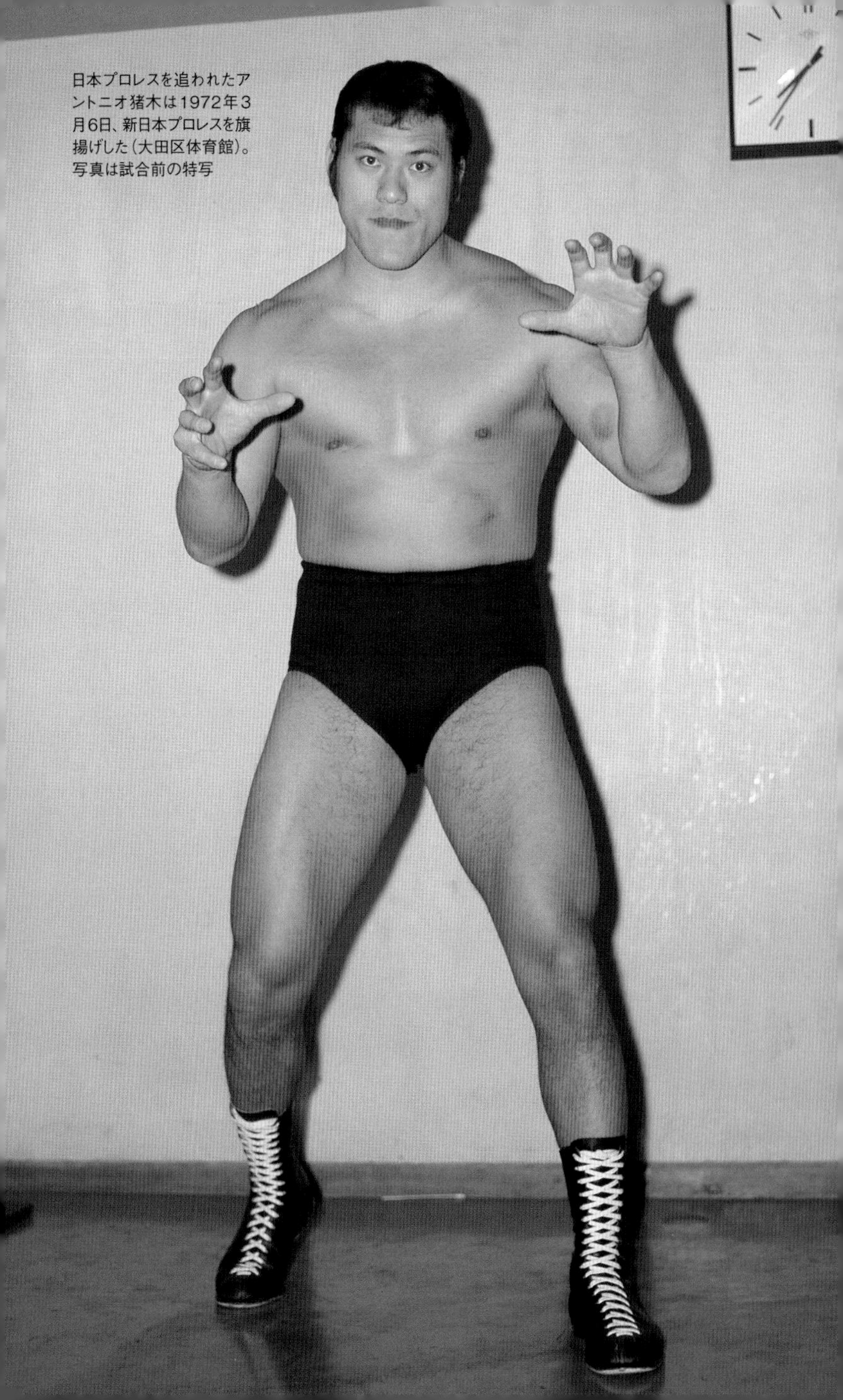

日本プロレスを追われたアントニオ猪木は1972年3月6日、新日本プロレスを旗揚げした（大田区体育館）。写真は試合前の特写

（右上）1972年1月29日、世田谷区野毛で新日本プロレスの道場開きを開催。山本小鉄、木戸修、新人の藤波辰巳、レフェリーのユセフ・トルコらと共に　（右下）1972年3月6日、新日本を旗揚げしマット界に新たな一歩を踏み出す猪木を倍賞美津子夫人（女優）、美津子夫人の姉の倍賞千恵子さん（女優&歌手）が激励（大田区体育館）　（左）1972年10月4日、蔵前国技館で師匠のカール・ゴッチを破り、世界ヘビー級王座を奪取

1973年2月8日、新日本の猪木と日プロの坂口征二が両団体の合併を発表。しかし、この計画は日プロ内部の足並みの乱れにより実現せず

合併計画が頓挫したのち、日プロの坂口が新日本に移籍。猪木&坂口の〝黄金コンビ〟が新日本マットで復活した（写真は1973年4・20蔵前国技館、黄金コンビの復活第1戦＝対ジャン・ウィルキンス&マヌエル・ソト）

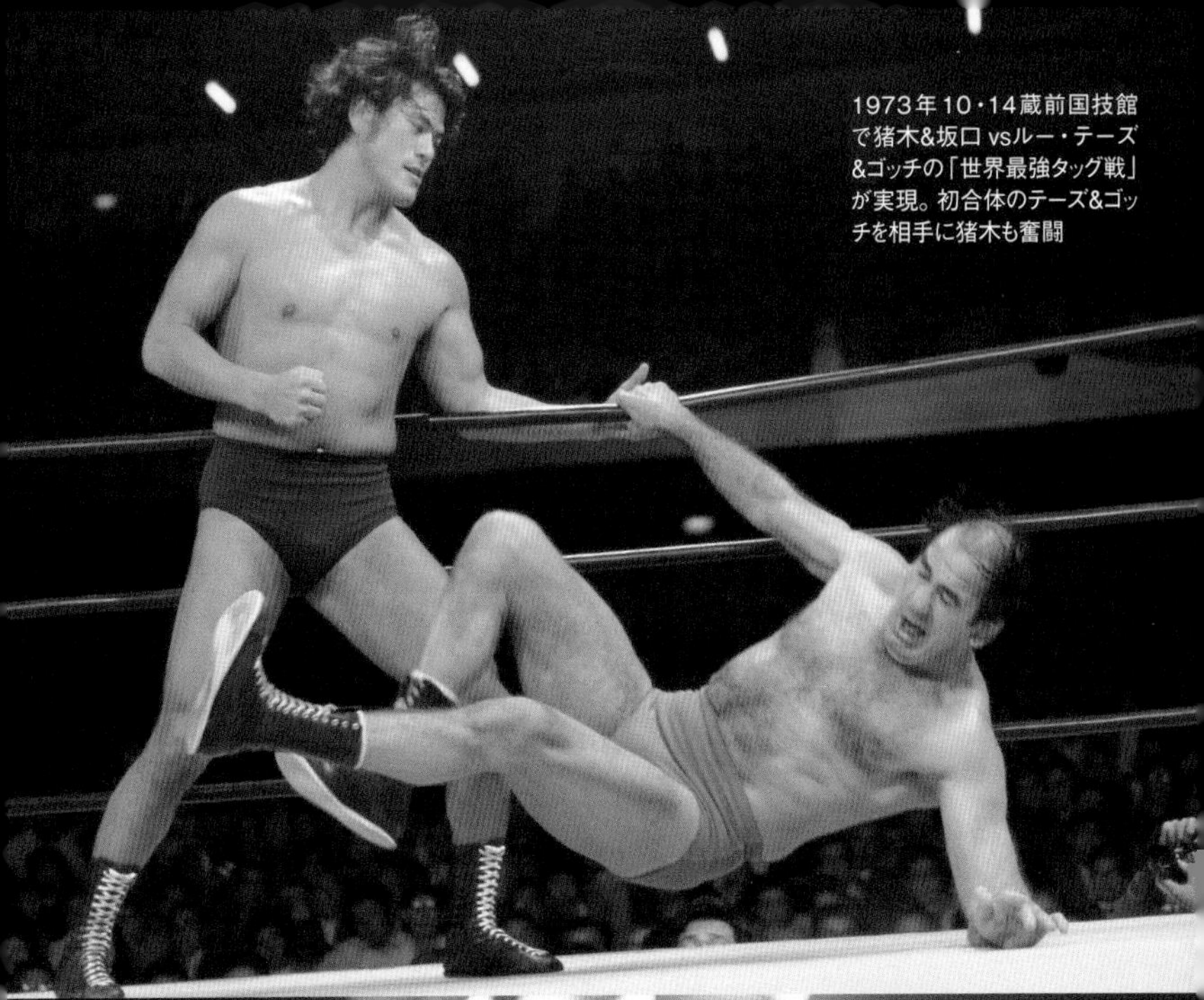

1973年10・14蔵前国技館で猪木&坂口 vsルー・テーズ&ゴッチの「世界最強タッグ戦」が実現。初合体のテーズ&ゴッチを相手に猪木も奮闘

世界最強タッグ戦（猪木&坂口 vsテーズ&ゴッチ）で猪木はゴッチから念願の初フォール勝ちを奪ってみせた（1973年10・14蔵前国技館）

1973年12・10東京体育館で
ジョニー・パワーズを下しNWF
世界ヘビー級王座を獲得。以後、
同タイトルは猪木の代名詞に

1974年春開催の「第1回ワールドリーグ戦」で坂口と初対決（4・26広島県立体育館、30分時間切れ引き分け）。3月のストロング小林戦以降、猪木は「日本人対決」路線を邁進

気迫と凄みに満ちあふれた闘魂プロレスは日本全国のファンを魅了（写真は1974年4・18大阪府立体育館、対キラー・カール・クラップ）

1974年8月の「実力世界一決定戦」二番勝負がゴッチとの最後の戦いとなった（写真は8・1大阪府立体育館の初戦でゴッチにフォール勝ち）

日プロ時代の同門（兄弟子）・大木金太郎との壮絶な喧嘩マッチを制した（1974年10・10蔵前国技館）

無敵のNWF世界ヘビー級王者として君臨（写真は1974年11・1札幌中島スポーツセンター、対アーニー・ラッド）

1970年代前半〜中盤、猪木はプロレスラーとして人気絶頂を極めた（写真は1975年6・26蔵前国技館、対タイガー・ジェット・シン、NWF世界ヘビー級王座戦）

1975年10・9蔵前国技館でテーズと一騎打ち。ブロックバスター・ホールド（写真）で3カウントを奪い、NWF王座を防衛した

1975年12·11蔵前国技館で〝人間風車〟ビル・ロビンソンとの夢対決が実現。猪木生涯ベストバウトの呼び声が高い名勝負となった

1本目をロビンソンに先制された猪木は、残り試合時間わずか48秒で起死回生の卍固めを決め2本目を奪い返した。試合は1対1のまま60分時間切れ引き分け（1975年12・11蔵前国技館）

猪木はロビンソンの代名詞技ダブルアーム・スープレックスを食らった（1975年12・11蔵前国技館）

柔道五輪2階級金メダリスト、ウィリエム・ルスカとの一戦を皮切りに「異種格闘技戦」路線がスタート（1976年2・6日本武道館）

猪木はルスカに激勝（1976年2・6日本武道館）。他ジャンルの格闘家と戦う「異種格闘技戦」路線は世間の関心を集め、大人気を博した

1976年6・26日本武道館でプロボクシング世界ヘビー級王者モハメッド・アリと世紀の対決(15R判定引き分け)

WWWFのトップ選手、スーパースター・ビリー・グラハムを卍固めで仕留めた(1976年9・10品川スケートセンター)

12年3カ月にわたるアンドレとの戦いの中でベストバウトと呼べるのが、1976年10・7蔵前国技館の「格闘技世界一決定戦」だった

プロレス転向したルスカと再戦し、ケンカ殺法で返り討ちにした（1976年12・9蔵前国技館）

超マニアックな視点でたどる
アントニオ猪木物語

猪木戦記

第2巻 燃える闘魂編

プロレス評論家
流智美 著

猪木戦記　第2巻　燃える闘魂編　もくじ

編集　本多 誠（元『週刊プロレス』編集長）
デザイン　間野 成（株式会社間野デザイン）

1972年（昭和47年）

ノーテレビの苦境下、ゴッチとの名勝負をよりどころに臥《が》薪《しん》嘗《しょう》胆《たん》の日々

旗上げオープニングシリーズ

新必殺技「地獄固め」をひっさげて決死の船出

「会社乗っ取り」を画策したとして日本プロレスを除名されたアントニオ猪木の次なる行動は素早かった。1971年12月13日に日本プロレスが会見で猪木除名を表明したのを受けて、猪木は翌14日に会社側の不正、自らの潔白を訴える反撃の記者会見。しかしもはや団体復帰は困難と判断し、12月後半から早々と新団体結成の決意を固め始動していたものと思われる。

日本プロレスを追われた猪木に、山本小鉄、木戸修、付き人の藤波辰巳（辰爾）らが即座に追随した。年明けの1972年1月10日から18日の間、猪木は日本を離れ、ニューヨークにカール・ゴッチ、メキシコに北沢幹之（魁勝司）を訪ね、新団体への参加を要請（メキシコで柴田勝久は巡業中のため会えず、後日対応）。1月13日には「新日本プロレスリング株式会社」の登記手続きをして

日本プロレスから除名されるや、即座に新団体（新日本プロレス）設立に舵を切った（写真は3・6大田区の新日本旗揚げ戦。ゴッチとの一騎打ちに、新調した白い「闘魂」ガウンを羽織って登場。セコンドにつくのは豊登）

1月29日、新日本の道場開きが行われた。山本、木戸、藤波、ユセフ・トルコ（レフェリー）らが参加

いる。そして1月26日に新宿の京王プラザホテルで晴れて新日本プロレスの設立を発表。設立会見には猪木の他、腹心の経理士・木村昭政、浦田モータース社長・中村忠義、永吉工業社長・永吉勲、満永建設社長・満永輝男の4人が同席した。1月29日には世田谷区上野毛の自宅敷地内に建てた新道場が完成し、報道陣に公開されている。

　新日本プロレスにとって記念すべき最初のシリーズ発表は、2月21日（火曜日）に、猪木本人

が出席して事務所（代官山のパシフィック・マンション）で行われた。マスコミに配布された資料には「旗あげ」になっていたが、ポスターとパンフレットは「旗上げ」になっており、いずれにしても一般的に使用されている「旗揚げ」ではなかったのが興味深い（特に理由はなかったと思われるが）。２月23日付の東京スポーツ（３面）に記者会見の様子が詳しく書かれているが、大見出しは「猪木、苦しい船出」で、中見出しは「隠せぬスター不在、頼みの綱のゴッチは４戦だけ」、「元ＵＮ王者に相手不足」と一方的に突き放している。背景には、まだまだ東京スポーツが「日本プロレスの御用新聞だった」という事実があり、日本プロレスを除名処分になった猪木に対して「応援するニュアンスの記事」を書くわけにはいかなかったことは明白だった。

記事の内容も「ケンもホロロ」で、「発表された外国勢のメンバーはカール・ゴッチを除くと、ズバリ三流どころ。そのゴッチが出場するのも前半の４戦だけで、そのあとはジム・ドランゴ、イワン・カマロフあたりが中心になるだろうが、猪木の相手としては役不足で、コブラツイスト、スープレックスの前にはひとたまりもあるまい」と酷評。猪木のコメントもあるが、素直にガイジン勢の非力を認めている。

「いろいろご心配をおかけしましたが、３月６日に大田区体育館で旗あげの興行をやりますので、

（上）新道場で練習を公開する猪木、山本、木戸、藤波（1月29日）（下）1972年1月～6月の間、新日本の事務所は代官山のパシフィック・マンションにあった

よろしくお願いします。メンバーは決して満足いくものではないが、体調はベストなのでいいファイトができると思う。旗あげ興行ということで、気持ちが高ぶってしょうがない。やるからには必ず成功させるし、満足いくファイトをお見せするつもりです」

　この日に発表された日程は3月6日、大田区体育館から4月6日、川崎市体育館までの全13興行だったが、実際にはこのあと1つ興行が増えて全14戦のシリーズになった（最終戦の川崎は埼玉・越谷に変更となり、川崎大会は3月24日に繰り上げ）。私が水戸駅でこの東京スポーツを買って読んでいた時点で、既に水戸市内には3月23日、水戸・茨城県スポーツセンターのポスター（赤が下地の大田区大会のときとは違って、下地が黄色のポスター）がベタベタ貼って

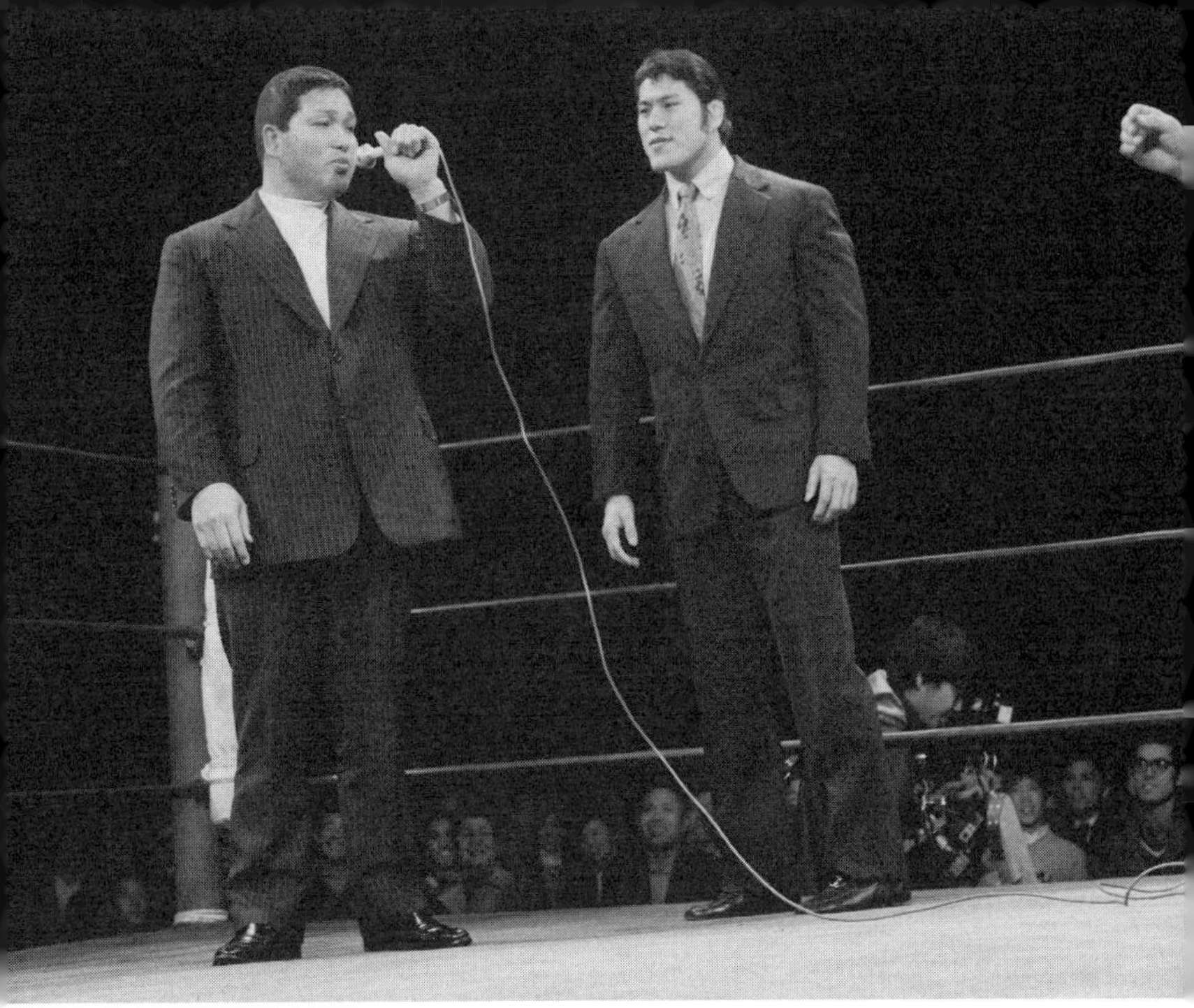

日本プロレス時代からの猪木の兄貴分であり、すでに引退していた豊登が旗揚げ戦に来場。猪木の説得に折れて、急きょ、復帰を果たした（3・6大田区）。豊登は「テレビが付くまで」という条件でレギュラー参戦へ（1年間友情参戦）

あり、前売り券（1階後方、1500円）を購入済みだった。地元の水戸の会場がキャパ的には最も大きなハコで、都内の興行は大田区体育館、葛飾区体育館、足立区体育館の3カ所だけというのが寂しかったが、テレビ放送のない苦しい台所事情では精一杯のコース切り、日程だったと思う。

参加ガイジンはブッカー（外国人招聘係）のカール・ゴッチが集めたジョン・ドランゴ（ダレル・カクラン）、ジム・ドランゴ（ボブ・アームストロング）、ブルックリン・キッド（マイク・コンラッド）、エル・フリオッソ（トニー・ロマノ）、インカ・ペルアーノ（ジョー・ソト）、イワン・カマロフの6人で、確かにネームバリューこそなかったが仕事のできる中堅揃いで、東

新日本旗揚げ戦のメインイベントで猪木は"神様"ゴッチと国内初一騎打ち(3・6大田区)

終盤にゴッチの本家ジャーマン・スープレックスが炸裂(写真)。最後はゴッチのリバース・スープレックスで猪木がフォール負けを喫した(3・6大田区)

京スポーツが書いたような「ズバリ三流どころ」というレベルではなかった。当時のマスコミ各誌（紙）には「日本プロレスからNWAの各プロモーターに対して〝イノキのグループには協力するな。イノキはオポジションだから、レスラーを送らないでほしい〟との通達が行きわたっており、一流どころが新日本に行くルートは完全に遮断されている」と書かれていたが、これは本当の話である。私も1995年から98年にかけてセントルイスのサム・マソニック氏（NWA会長）の部屋で過去のファイルを見せてもらった際、日本プロレスからのテレグラム、あるいはマソニック氏がメンバー各氏に送った「ニュージャパンには協力しないように」とのテレグラムを幾つか見たことがある。旗揚げ直前・直後の猪木が「村八分状態」にあったのは厳然たる事実で、今は「ゴッチは、よく6人もブッキングできたものだな」、と感心するしかない。

面白いのはドランゴ兄弟の二人だ。兄（ジョン）として来たカクランは1971年暮れから72年初頭にかけてゴッチと同じWWWF（現・WWE）のサーキットにおり、ゴッチと意気投合しての参加だったが、弟（ジム）はアトランタを主戦場としていたがボスのポール・ジョーンズに冷遇され、仕事を干されていた時期だった。その苦境に、古くからの仲間で親友だったカクランが声をかけて結成されたのが即席コンビの「ドランゴ兄弟」だったのだが、このあとも二人は「血盟軍」という感じでアメリカ南部を一緒にまわり、1972年秋に勃発した有名なNWA分裂騒動（「ザ・バトル・オブ・アトランタ」）、アトランタ興行戦争（レイ・ガンクル未亡人派対古参NWA派）」のキーパースンズにもなっている。「どうやら、このレスラーはプロモーターとうまくいっていないようだ。一本釣り可能だな」というブッカー・ゴッチの嗅覚《きゅうかく》は見事なもので、のちに猪木、藤波、

新団体のエースが旗揚げ戦で敗北。猪木・新日本は波乱万丈の船出となった（3・6大田区）

獣神サンダー・ライガー、武藤敬司らも名を連ねた「WWEホール・オブ・フェイム（殿堂＝２０１１年）」入りしたボブ・アームストロングが「新日本の旗揚げガイジン・メンバーの一人だった」ことは、歴史的に非常に興味深い。この時点でNWAに反旗を翻したボブ・アームストロングが、徐々にNWA南部の中心人物として巻き返し、のちに息子（ブラッド、スコット、スティーブ）を次々と一流の選手に育て上げた手腕も見事としかいいようがない。「アメリカ南部バージョンの猪木」みたいな人物だと思う。

後年WWE殿堂入りするボブ・アームストロングなど、今から考えれば興味深いレスラーが3・6旗揚げ戦には参加した。写真は旗揚げ戦のセミで豊登とタッグ対決するジム・ドランゴことアームストロング

　猪木は旗揚げシリーズ14興行のうち、開幕戦でゴッチとシングル対決（ゴッチのリバース・スープレックスでフォール負け）した以外は、シングル、タッグを半々くらいでこなした。シングルの内訳はペルアーノ３試合、ジョン・ドランゴ

新日本旗揚げに合わせて、猪木は新必殺技「地獄固め（＝鎌固め）」をお披露目した。写真は3・24川崎のペルアーノ戦で勝負を決した地獄固め

2試合、ジム・ドランゴ1試合だったが、実力ある地味なドランゴ兄弟よりも、派手な場外乱闘、流血戦もできるペルアーノを重用したのは仕方がなかったろう。ペルアーノはのちに全日本プロレスにジョー・ソト、ロッキー・タマヨ、覆面のブルー・デビルと来る度に名前を変えた中堅の職人タイプで、星野勘太郎、山本小鉄がアメリカ遠征時（1967年）にテネシーで「タマヨ・ソト」としてトップを取っていた時期もある。おそらく参謀格の山本のプッシュもあったとは思うが、猪木とメインで3回、しかも60分3本勝負でやる大役を無事に果たしたのだから大したものである。

猪木は新団体旗揚げということで新・必殺技「地獄固め」を披露した。「地獄固め」とは、のちに猪木の代名詞技の一つとして定着した「鎌固め」のことだ。旗揚げ当時は「地獄固め」と呼ばれていた。旗揚げ戦のゴッチ相手の中盤に初公開したが、ギブアップは奪えず。

鎌固めは、オリジナルの必殺技として猪木が開発した。相手の両脚を折り畳み、そこに自分の足をネジ込んでブリッジし、ギブアップを迫る技はそれまでにも存在した。具体的にはエドワード・カーペンティアがやった「X字型デスロック」や1969年秋に国際プロレスに一度だけ来たエミール・エルマンソーが見せたデスロック（ブリッジしたあと、相手の背中で両腕を組み余裕のポーズ）などがあったが、日本人レスラーがこれを見せたことは皆無で、猪木本人とすれば自らの柔軟なブリッジワークを利用した自慢の新兵器（相手の首を両手でフックしたバージョンは猪木が最初）であり、「卍固めに近い話題を呼ぶだろう」という自信があったに違いない。

だが、旗揚げシリーズに5回、次の第2弾シリーズの開幕戦で1回、計6回フィニッシュとして使ったあとは、パタリと「フィニッシュ用のレパートリー」から除外し、ひたすら「痛め技」へとポジションを転換した。それまでザ・デストロイヤーのフィニッシュだった足4の字固めでもよく指摘されてきたことだが、グラウンドの態勢で決めるフィニッシュは「観客へのアピール」が非常に難しい。1階部分が「ヒナ段」に設定されている会場は極めて少なく（というか、経費が苦しいこのシリーズでは皆無だったろう）、鎌固めを決め技にすると、1階後方の観客には見にくいことが多かった。そのあたりは猪木も敏感に感じ取っており、「やっぱり決め技は、ダイナミックなコブラツイストやブレーンバスター、バックドロップしかないか」と諦めざるを得なかったのだ。「地獄固め」と呼称されたのはノーテレビの1972年だけで、テレビがついた1973年からはNETテレビの舟橋慶一アナウンサーが「鎌固め」を連呼したため、それが定着した形になって現在に至っている。

オープニングシリーズ第2弾

シリーズ中、一度も対戦相手にフォールを許さなかった！

2番目のシリーズとして、4月28日の千葉県体育館から5月24日の岩手・盛岡市体育館まで、全14戦の小規模なシリーズが組まれた。招聘されたのは覆面のザ・ラギッド・ラシアンズ（Aがジャン・セバスチャン、Bがペドロ・ゴドイ）、ボブ・ボイヤー、ティンカー・トッド、ジョン・ハイドマン、ジョージ・グラントの6人で、これまたカール・ゴッチが過去の個人的な繋がりで「一本釣り」した「地味ながらも実力ある選手」の寄せ集めという感じのメンバーになった。このシリーズは、猪木は一度もシングルマッチを組まず、全てメインイベントのタッグマッチに出場している。ボイヤーとトッドの二人は十分に猪木とシングルで対峙できる実力があったが試合ぶりが地味で、猪木自身が「タッグマッチのほうがウケがいいだろう」と判断した結果だったろう。

タッグパートナーとしては旗揚げ戦から友情参戦中の豊登、山本小鉄、柴田勝久の3人を交互に起用したが、このシリーズから柴田の起用が頻繁になっていく。柴田は山本に比べて体重が少なく、やや「頼りなさげの風貌」だったが、それが却って「猪木の引き立て役」としては適役だったように感じる。私は5月21日、地元の水戸市に近い茨城県石岡市の茨城相互銀行グラウンドの興行を見に行ったが、ここでも柴田はメインで猪木とのタッグを組み、ボイヤー、ハイドマンとメインで対戦している。1本目は柴田がボイヤーの弓矢固め（当時の呼び方はセコ・バックブリーカー）で背骨を痛めつけられ、ニードロップから体固めで先制を許したが、2本目にメキシコ仕込みのフライング・クロスアタックとセントーンを連発してハイドマンから雪辱。この時に柴田はコーナーポスト最上段に上って、そこから垂直に自分の頭部をハイドマンの胃袋に落とす荒業を見せて、場内を大いに驚かせた。私も「自爆したら死ぬじゃないか！」と思ってみていたが、このあたりの無鉄砲さも、猪木がパートナーとして柴田を気に入った理由だったろう。まだ戦争（第二次世界大戦）が終わってから27年しか経過しておらず、柴田の試合ぶりは（古い表現だが）「神風特攻隊」を想起させた。

シリーズ中、猪木は一回も相手選手に3カウントフォールを許さなかったが、これは長い新日本ヒストリーの中でこのシリーズだけの快挙だった。この年(1972年)の年末に組まれた「ニュー・

第2弾シリーズ開幕戦の4・28千葉で山本と組んでラシアンズと戦う猪木

ダイヤモンド・シリーズ」の開幕戦で、猪木は「このシリーズは、誰にもフォールを許さない」という「ノーフォール宣言」をして話題を取ったことがあったが（結局はエースのジョニー・ロンドスに、タッグマッチで一度だけ体固めを許す）、実際は「オープニングシリーズ第2弾」で達成していた。抜群に記憶が良かった猪木にしては珍しい「記憶違い」だったが、それを指摘する「新日本シンパの」マスコミもいない時代だった。

このシリーズでは、5月11日に初めて大阪府立体育館で興行が組まれた。発表は5500人になっているが、これを生観戦した兵庫県芦屋市在住の知人は「あの時は、絶対に1000人は入っていなかった。たぶん、500人くらい」と証言している。大阪府立に5000人ではキツい。当時、この大阪大会の東京スポーツを買ったときは「観衆

5500人か！　すごい人気だ。さすが猪木。大阪の猪木人気は衰えていないのだなあ」と思っていたが、実体は閑古鳥が鳴いていたようで、私が生で見た茨城・石岡大会も300人前後しかいなかった。このシリーズに限らず、この年に新日本の興行で実数が1000人を超えていた会場は、数えるほどしかなかったかもしれない。ネットが発達した今ならば、閑散とした会場内を撮影されて「観客数の水増し」は簡単に暴露されるだろう。

オープニングシリーズ第3弾

「シングルマッチ45分3本勝負」というテコ入れ

団体創立から3シリーズ目は、6月13日（大田区体育館）から7月4日（姫路厚生会館）にかけて10興行が組まれた。22日間に10興行というのは極めて少ない数字であり、まだまだ「売り興行」が入っていなかったことを証明している。特に第2戦（6月15日の埼玉・熊谷市体育館）と第3戦（24日の奈良ドリームランド）の間は8日間も空いており、ガイジン選手のホテル代だけでも大変な出費が嵩んだ。後年、山本小鉄氏が「あのときは京王プラザなんて高いホテルには泊められなくて、確か二子玉川園（現在の二子玉川）からかなり行った小さなビジネスホテルに宿泊してもらって、毎日、等々力の道場で練習させましたよ。ホテルが小さい分、道場でチャンコを御馳走してカバーしました」と述懐してくれたことがあるが、確かに、団体を運営するにあたってガイジンのギャラ、宿泊費が最大のランニングコストだった時代だ。招聘されたのはリップ・タイラー、エディ・

オープニングシリーズ第3弾の参加外国人選手。他団体やNWAから兵糧攻めに遭い、相変わらず知名度の低いメンバーで凌ぐしかなかった。このシリーズのエース格はリップ・タイラー（左から2人目）。日本で初めてギロチン・ドロップを披露した選手だ。写真は6月9日、道場における公開練習

サリバン、ジム・グラブマイヤー、ジョン・ファー、リック・ニール、ジェシー・ジェームスの6人で、いずれもアラバマ、ミシシッピ地区、いわば「NWAの監視の目が届いていないローカル・マーケット」の選手ばかりだった。悪い表現で書くと、この6人は格的にNWAの中枢プロモーターから「あの程度のレスラーならば、イノキのところに行っても問題ない」と軽視されていた面々で、シリーズを終えてアメリカに帰国してからも、特段のペナルティ（ブッキングされなかったり、試合に干される、等）が課された、という話はきかない。

このシリーズではメインの60分3本勝負の他に、「セミファイナルのシングルマッチ、45分3本勝負」というのが採用された。タッグマッチを入れてしまうと（ガイジン6人を入れても）5試合しか組めない少人数だった

第3弾シリーズの開幕戦（6・13大田区）で柴田と組み、タイラー&サリバンと対戦。3本目、タイラーを料理した

ため、興行時間を延ばすための苦肉の策だったが、猪木以外の日本人レスラーが「45分3本勝負」をこなすのは大変なプレッシャーである。観客は皆、「セミは1本勝負で十分じゃないのか？　早くメインの猪木を見たい」と思っていたし、誰の目からも「単なる時間稼ぎ」が明白だったからだ。豊登が2回、柴田が2回、山本が1回、この大役を任されたが、さぞかし観客の「つまんねーぞ、早く終われ」というヤジが気になったろうと思う。

『猪木戦記　第1巻　若獅子編』にも書いたが、日本プロレス時代（特に1967年から69年にかけて）の猪木はセミファイナルで頻繁に45分3本勝負を任され、「45分フルタイム引き分け」という記録も多い。そのあとのメインはジャイアント馬場が入るタッグか6人タッグだったから、見にきた観客としては「どうせメインはドタバタの乱闘試合になる

（右）事務所を南青山に移転。オープニングシリーズ第3弾終了後の7月7日、事務所開きが行われた
（左）新事務所の開設記念パーティーで祝杯をあげる猪木と美津子夫人（7月7日）

だろうから、セミくらいは、猪木のレスリングの攻防をタップリ楽しみたい」という感じで「長いセミ」を歓迎していた。ベテランの豊登は別としても、山本と柴田にとっては「レスラーになってから初めての重責」だった。この「セミで猪木以外の選手が45分3本をやる」というマッチメークは、次の夏のシリーズで柴田が一回やったのを最後になくなったが、やはり「一枚看板の団体では、かなり無理がある試みだった」という結論になるだろう。

　このシリーズの猪木はタッグマッチで9試合、シングルマッチで1試合をこなし、唯一のシングルだったエディ・サリバンには2対1で快勝したが、2本目にはエルボー・ドロップの連発から1本を奪われて前のシリーズのような「ノーフォールで乗り切ったシリーズ」とはなっていない。

激変した馬場と日本プロレスの周辺

馬場が全日本旗揚げ&日テレ放送開始! ノーテレビの猪木の苦闘は続く

ここでは、この年の4月から9月にかけての日本プロレスとジャイアント馬場について、簡単に付記しておきたい。日本プロレスを追放されて新日本プロレスを旗揚げした猪木はマイペースで粛々とシリーズを消化していたが、日本プロレスのエースとして君臨し続けてきた馬場が一世一代の勝負に出たことで、以降の猪木のレスラー人生に大きく影響を及ぼした時期に該当する。

まず4月3日の月曜日、馬場がNETテレビ(テレビ朝日)の日本プロレス中継「ワールドプロレスリング」(毎週月曜夜8時放送)に初めて登場した(新潟市体育館からの生中継)。力道山以来の日本プロレス中継の老舗である日本テレビは、1969年にNETが新規参入した際に「NETは馬場の試合は放送しない」という約束を日本プロレスと交わしていた。その日本テレビから再三「馬場の番組登場は約束違反だ。やめなさい」との勧告を受けていたにもかかわらず、日本プロレス(芳の里ら幹部)が強引に放送に踏み切った(NETに放送OKを出した)のだ。これに怒り心頭となった日本テレビは、5月12日・金曜夜8時生放送の「第14回ワールドリーグ戦決勝戦=東京体育館の馬場対ゴリラ・モンスーン」を最後に、1958年(昭和33年)8月から欠かさず継続していた日本プロレスの中継番組を打ち切った。

この一件は一般的に「日本テレビが堪忍袋の緒を切った」というニュアンスで振り返られてきた。当時の日本テレビの松根光雄運動部長が「日本プロレスというのは、もっと大人の集団だと思ってきたが、話し合いの余地がない。もうバカ負けした」とコメントしたことは有名だが、それまで番組の柱だった猪木を失って視聴率が急減していたＮＥＴサイドとしては「代わりに馬場を出せ」という要求は当然だった。ＮＥＴに逃げられると、日本プロレスは莫大な放送料収入が半分になる。芳の里代表は「日本テレビは、なんとか説得できるだろう」と判断して馬場のＮＥＴ登場を認めたわけだが、結局は日本テレビを怒らせて、以降はＮＥＴテレビに中継をゆだねる結果となった（ＮＥＴが7月28日から月曜夜8時&金曜夜8時の週2回放送に移行。しかし9月29日以降は金曜夜8時のみに一本化）。

日本プロレスのエースにして日本テレビ中継の顔である馬場が、ついにNET中継に登場（4・3新潟）。この〝約束破り〟に怒った日テレは、日本プロレス中継から撤退

　この事態を冷静に客観視していた馬場は、5月上旬に日本テレビサイドから「日本プロレスを辞めて独立しなさい。日本テレビは、あなたを全面的にバックアップする」とのアプローチを受けて静かに始動。「自分が

7月29日、馬場は日プロからの「独立」を表明（写真）。日本テレビのバックアップを得て、全日本プロレス設立に走った（9月発表）

日本プロレスに留まれば、日本テレビは猪木の新日本プロレスを放送する」という雰囲気を敏感に察知した馬場は独立を決意。7月29日に赤坂プリンスホテルで記者会見を行い、日本プロレスに辞表を提出し、新団体「全日本プロレス」の設立へ舵を切った（日本テレビの放送は9月30日スタートで、毎週土曜夜8時から1時間放送。団体旗揚げは10月21日の東京・町田市体育館）。

7月7日、新日本プロレスはそれまで代官山においていた事務所を南青山6丁目の井植ビルに移転。営業のトップとして力道山時代から長く日本プロレスの営業部長をやっていた岩田浩氏を招き、赤字経営を転換すべく捲土重来の動きに出たが、念願の「テレビ中継開始」の機会を馬場に横取りされたため、依然としてノーテレビの苦渋を味わうことになった。

ニュー・サマー・シリーズ

日本テレビでの新日本中継の夢叶わずも、気丈にふるまう

夏の陣はレオン・バクスター、ボビー・キャッシュ（のちのポークチョップ・キャッシュ）、エニー（アーニー）・ラスター、ディック・ダン、サパタ・マルチネツ、コーア・チキ、ハロルド坂田の7選手を招聘し、7月24日（大阪・豊中市千里インター横広場）から8月30日（東京・板橋区体育館）までの期間に22興行が組まれた。大きな会場としては愛知県体育館（8月7日＝発表は5000人）、広島県立体育館（8月14日＝発表は3000人）の二つが入っていたが、当時、後者の広島に実際に行ったペンパル仲間が「1000人も入っていない」と手紙をくれた。3倍くらいの「水増し発表」が、まだまだ毎日のように続いていたわけだが、それでも興行が中止（ドタキャン）になることなく継続していたのは、東京プロレス時代の教訓が生きていたと言えるだろう。

猪木とシングルで対戦できる実力者は、ルイジアナ地区で活躍していたレオン・バクスター（前年の1971年に、日本プロレスに初来日）と、テネシー地区のベテラン、ディック・ダン（1970年に日本プロレスに初来日）の二人だけで、バクスターは8月1日（北海道・帯広市民体育館）のタッグマッチで猪木から貴重なワンフォールを奪っている（キチンシンクの3連発）。ダンは7月27日（北海道・旭川市民体育館）のメインの60分3本勝負で猪木と対戦したが（これが、猪木のこのシリーズにおける唯一のシングル戦）、ブレーンバスターとコブラツイストの前にストレート負けを喫している。依然、「カール・ゴッチ以外は、猪木とまともな勝負ができるレスラーは呼べない」

ニュー・サマー・シリーズ開幕戦（7・24豊中）。野外興行のメインに柴田を従えて出陣する猪木。キャッシュ&ラスターに勝利

という状況は変わっておらず、フィニッシュもコブラツイスト、ブレーンバスター、バックドロップ（尻を抱えて投げるキニスキー式）の3種類しか使っていない。旗揚げシリーズでは地方興行でも卍固めを使っていたが、さすがにバクスター、ダンあたりの相手には乱発を避け「ここ一番の必殺技との価値」をキープしていた感がある。

馬場の独立宣言の翌日、7月30日に発行された東京スポーツには、猪木へのインタビュー記事が掲載されている。巡業先の釧路の旅館で櫻井康雄記者の電話取材に対し、「ウチには全く関係ない。馬場さんにも頑張ってもらって、一緒に日本のプロレス界を盛り上げていくしかない。ただ、今回の馬場さんの辞表提出によって、去年の暮れ、私が日本プロレス協会の内部を絶対に改革しなければならない、と考えて行動を起こしたことが、多少は理解してもらえたのではないかと思う」

と答えている。それまで、日本テレビと猪木の間で「テレビ中継の交渉」が進んでいたことは間違いなく、馬場の記者会見によって、その夢が絶たれたことはショックだったろうが、それをオクビにも出していないところは猪木らしい。

ニュー・ゴールデン・シリーズ

ゴッチとの世界ヘビー級王座戦が東スポの心を動かす！　ゴッチ・ベルトの秘密

秋の陣は9月16日（茨城県土浦スポーツセンター）から10月25日（富山市体育館）の期間に23興行が行われた。招聘されたのはカール・ゴッチ（実際には開幕戦の時点で来日していたが、試合出場は10月4日から20日まで）、レッド・ピンパネール（正体は1967年に日本プロレスに来たアベ・ヤコブ）、シーン・リーガン、パット・ローチ、ジョニー・コワルスキー、ウェイン・ブリッジ、プリンス・クマリ、ジョン・トーリー（フォーリー）、ハロルド坂田の9人で、10月4日（蔵前国技館）と10日（大阪府立体育館）の2興行のみ、ルー・テーズが特別レフェリーとして招かれた。これまでの4シリーズを確実に上回る豪華なメンバーで、ゴッチが得意とする欧州ルートを中心に実力者を集めた。10月21日からは馬場が日本テレビをバックに、ブルーノ・サンマルチノ、テリー・ファンクらを招聘して全日本プロレスをスタートさせたので、猪木も「ウチのガイジンも負けてないぞ」と意地を見せた感があった。

蔵前と大阪ではゴッチ対猪木による「世界ヘビー級選手権」が組まれて、これを東京12チャンネ

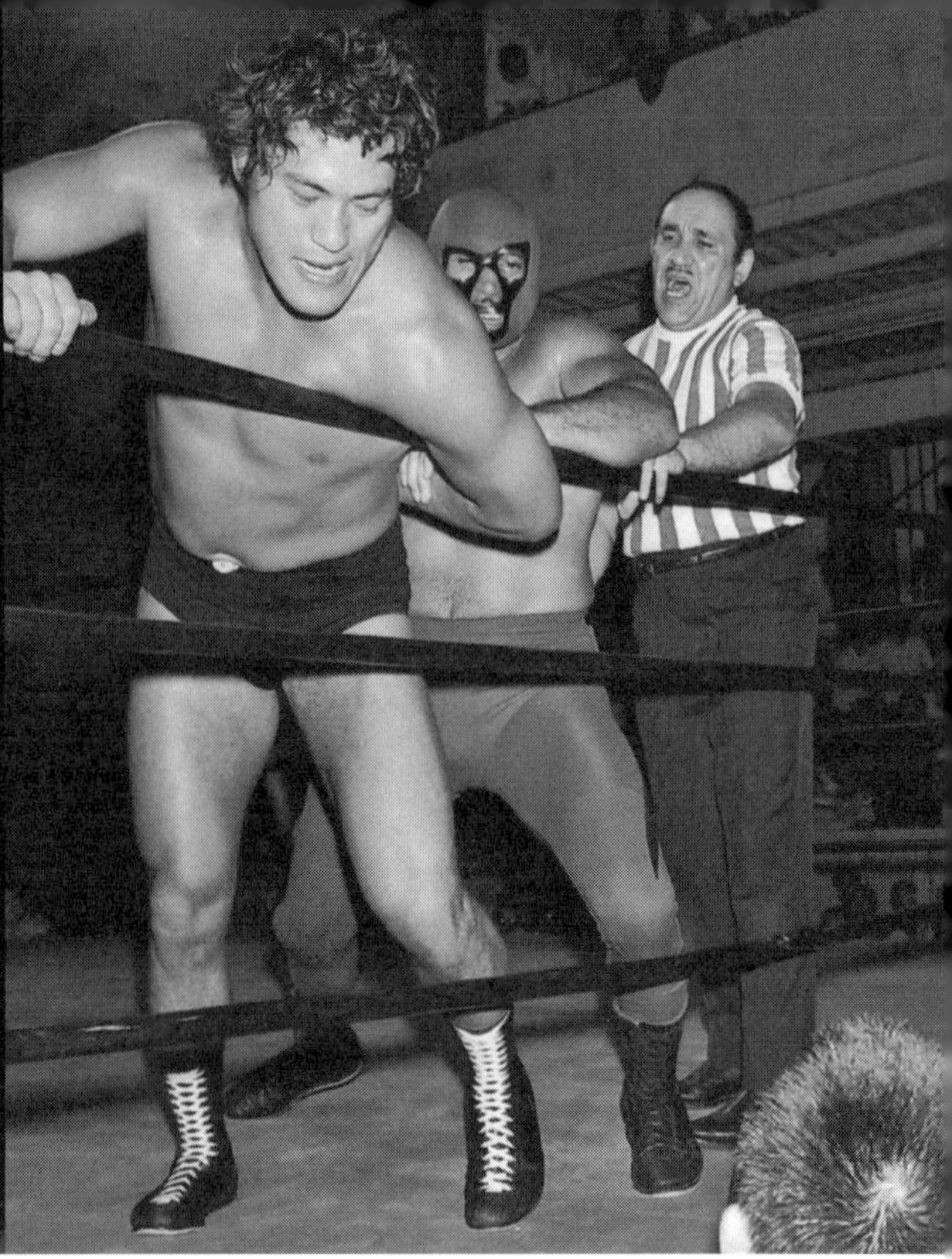

怪覆面ピンパネールとタッグ対決（9・16土浦）

ル（テレビ東京）がオンエアした。日本プロレス除名後、ブラウン管では猪木のファイト姿が見れない状況が続いていたので、この放送は単発ではあったが快挙であった。

私は2001年に、この試合のプロデューサーだった当時の12チャンネル運動部長、白石《しらいし》剛《たけ》達《みち》氏にインタビューしたことがあった。猪木対ゴッチの試合を単発で放送した経緯については、次のように語ってくれた。

「あの試合は新日本プロレスのほうから打診があって、決まったものです。実際、猪木が自らウチの会社に2回、来てくれたのを覚えています。放送料はゼ

タッグでリーガンと戦う(9・21川崎)

ロ。猪木は、『金ではなく、とにかく一回、ウチの試合をテレビに乗せたい』と言っていましたね。ウチとしても、9月一杯でアメリカ(WWWF)から空輸していたフィルムを使った『プロレスアワー』という番組が終わるタイミングだったので、10月早々のプロレス特別番組は、とても都合が良かったんですよ。4日の試合はナマ中継でやりたかったんですが、スポンサーの都合でどうしてもレギュラー枠が動かせなかったので、夜10時半から1時間のディレイ中継になったんですが、視聴率は思ったより良かったですよ。10パーセントは行かなかったですが、確か8か9は行って、ウチとしたら十分に合格点だったです。大阪の試合は4週間後、11月になってから、夜8時からのゴールデン1時間枠で録画放送しましたが、これも同じくらいの数字を出していましたね。当時、まだまだプロレスというコンテンツは強かったですね。ウチは2年後の1974年に国際プロレスの中継を始めましたが、プロレス番組のない2年間は、なんとなく寂しい思いだったです」

『猪木戦記　第1巻　若獅子編』にも書いたが、東京12チャンネルが毎週放送していた「プロレスアワー」という番組（アメリカのレトロ・プロレスの名勝負を放送）はマニア必見の素晴らしい内容で、私は1968年（昭和43年）11月30日の第一回放送（メインはルー・テーズ対アントニオ・ロッカのNWA世界ヘビー級選手権）から一回も見逃したことはない。この番組は途中、短期間（長くて2カ月）途切れたことはあったが延べ4年間の長きに亘って継続し、1970年7月からは毎週のようにWWWF世界ヘビー級王者だったブルーノ・サンマルチノの試合（MSGなど）がカラーで見られたのだから堪らない（フィルム空輸だったので、せいぜい1カ月遅れ）。その「プロレスアワー」が終わったのが1972年9月一杯だったので、白石氏は「猪木からの申し入れを快諾した」というわけだが、両者（両社）のタイミング、損得がピタリと合致して「ウィン、ウィン」になった稀有なケースだったと思う。

4日・蔵前の猪木・ゴッチ戦はテレビ初中継にふさわしい名勝負となり、私はテレビの前に釘付けとなって両者の攻防に目を凝らせた。27分17秒に猪木がリングアウトで勝ってベルトを巻いたが、なんといっても猪木のキーロックをゴッチが右腕一本で吊り上げ、コーナーポストまで運ぶシーンは圧巻だった。アメリカの雑誌を見ると、1964年から65年にかけて、これをダニー・ホッジがやっている写真が2枚掲載されている（相手はルー・テーズとヒロ・マツダ）が、私がその号を見たのは1980年くらいだったので、ゴッチが猪木にやった「キーロック吊り」が初見だった。左手を添えて持ち上げるのではなく、まさに右手一本で「グイッ」と一気に猪木をリフトアップしたが、中途半端な怪力自慢がやったら一発で「ギックリ腰」は間違いない。猪木は、ゴッチの利き腕である右手にキーロックをかけたので、「普通なら、キーロックは左腕に仕掛けるはずだ。右腕に仕掛けたのは、ゴッチに見せ場を作るためじゃないか」という揶揄もあったが、仮に左腕であっても、ゴッチは同様にリフトをやったに違いない。まさにゴッチの「パワーファイター」という側面が証明された名シーンで、のちにボブ・バックランドがやって「定番」のポピュラー・ムーヴになったが、フォームの完成度ではゴッチが上だった。

最後はコブラツイストを振りほどいたゴッチが、猪木ともども反動で場外に転落。猪木のバックを取ったゴッチが、リングサイドのマットの上で危険なジャーマン・スープレックスを放ったが、キーロックで痛めた右腕のダメージが響いてブリッジが崩れ、後頭部を強打。ダメージの少なかった猪木がカウント19でリング内に滑りこみ、間一髪でリングアウト勝ちを拾った。戦前は「お手盛り」だとか「どこの団体が認定してるのか？」と突っ込みの多かった「世界ヘビー級選手権」だったが、内容の濃さで雑音をシャットアウトし、「猪木健在」を満天下にアピールすることに成功した。まだ「プロレス大賞・年間ベストバウト」というアワードが発足する2年前だったが、もしもそれが存在していたならば、この1972年は間違いなくこの試合が受賞していただろう。

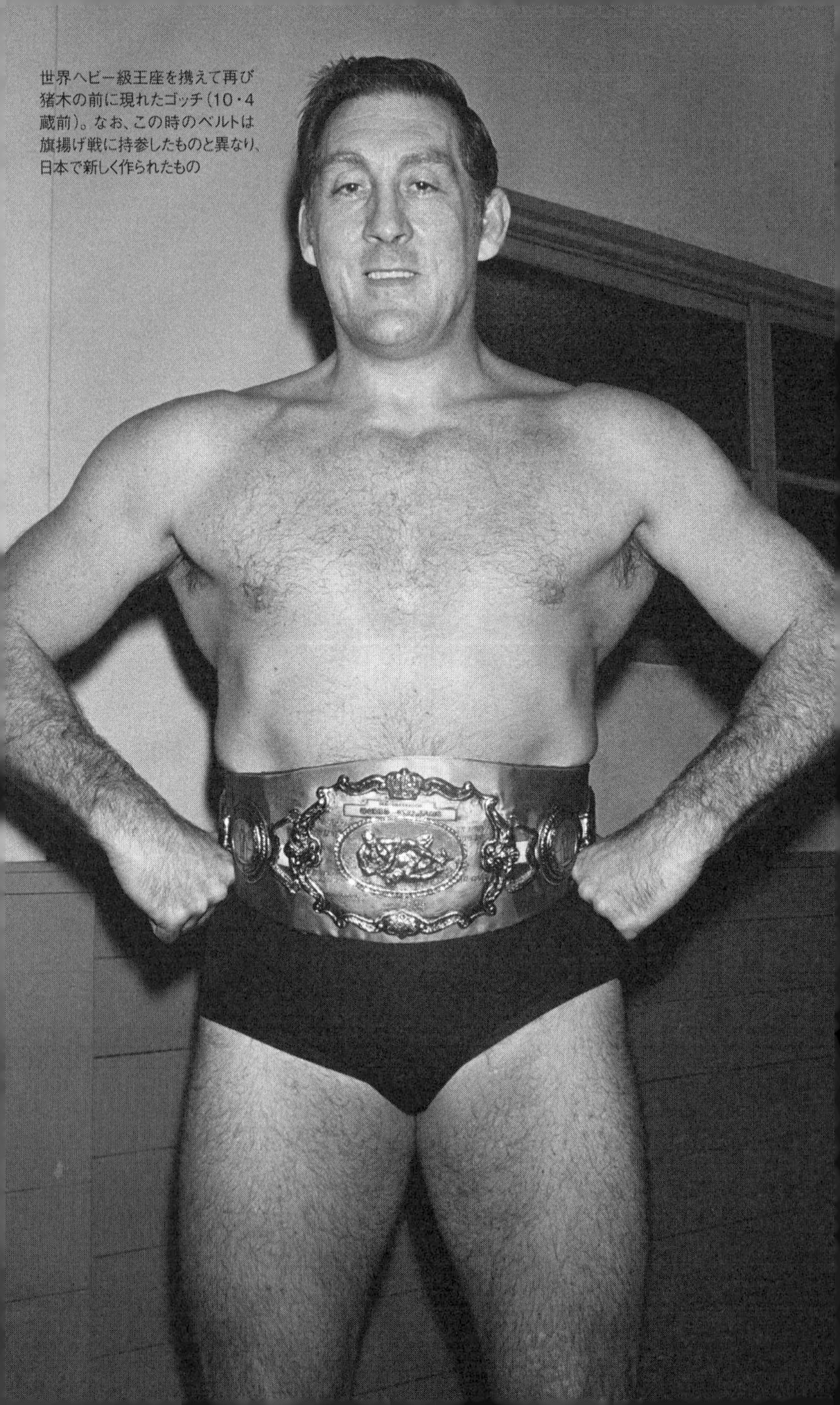

世界ヘビー級王座を携えて再び猪木の前に現れたゴッチ（10・4蔵前）。なお、この時のベルトは旗揚げ戦に持参したものと異なり、日本で新しく作られたもの

10・4蔵前で猪木はゴッチの世界ヘビー級王座に挑戦。試合は新日本黎明期を代表するストロングスタイルの名勝負となった

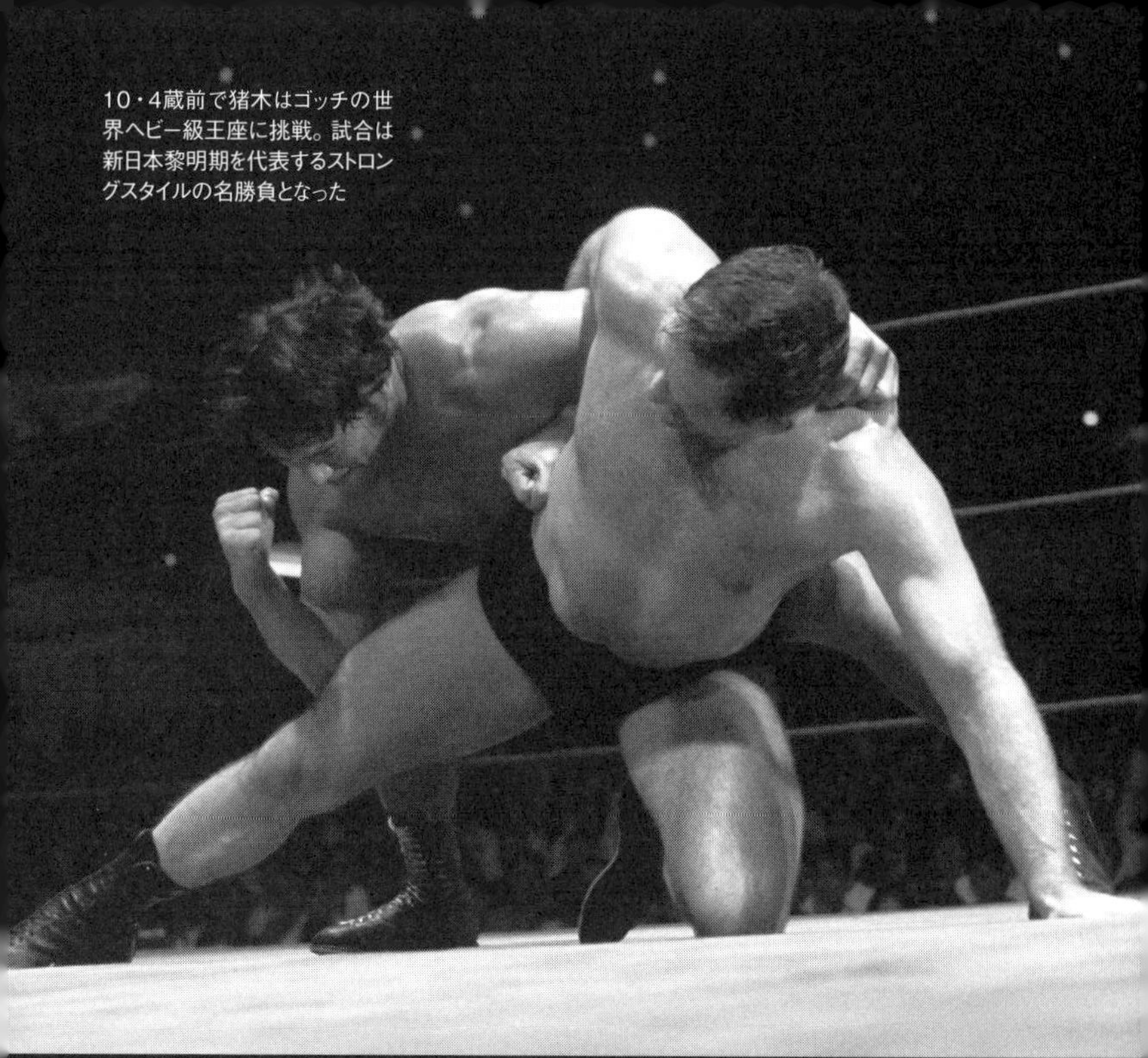

(右・中・左)キーロックを決めた猪木を軽々とリフトアップ。テクニシャン・ゴッチは「パワーファイター」でもあった(10・4蔵前)

ゴッチのダブルアーム・スープレックスが火を噴いた（10・4蔵前）

猪木はゴッチにリングアウト勝ちで世界ヘビー級王座奪取。特別レフェリーのルー・テーズも猪木の手を掲げる（10・4蔵前）

「実力世界一」と謳われた世界ヘビー級ベルトを巻き、猪木健在を満天下にアピールした（10・4蔵前）

10・4蔵前のゴッチ戦は、東京12チャンネル（テレビ東京）で夜10時半から録画中継。新日本初のテレビ中継となった。写真左から、杉浦滋男アナウンサー、解説の櫻井康雄氏（東京スポーツ記者）、猪木、右端に写っているのが番組プロデューサーの白石剛達氏

解説を任されたのが東京スポーツの櫻井康雄氏（当時35歳）で、櫻井氏にとってはこれが初の「ナマ解説」だった。

「私は東京12チャンネルに頼まれて、あの猪木・ゴッチ戦の1年くらい前から『プロレスアワー』の解説をやっていたんです。ペドロ・モラレスとかチーフ・ジェイ・ストロンボーとか、そういう選手の空輪フィルムでした。そのご縁で、白石運動部長から猪木・ゴッチ戦の解説を依頼されたんですが、あれは本当に嬉しかったですね。当時のウチ（東京スポーツ）の社長だった井上博さんが翌日、『櫻井、素晴らしい試合だったな。これからの日本のプロレスは、猪木だ。ウチは紙面で猪木を推していくぞ』と熱く言ったのを覚えてます。1年後にウチが主催して『世界最強タッグ戦』（猪木、坂口対テーズ、ゴッチ）をやったでしょう？　あれも井上が決断したから実現しまし

10・9広島でピンパネールを下し世界ヘビー級王座初防衛に成功。左はレフェリーのテーズ

た。すごい金額を出して興行をやりましたからね。すべては、蔵前の猪木・ゴッチ戦が発端でした」と述懐している。猪木にとっても東京スポーツにとっても、そして櫻井康雄氏にとっても、蔵前の一戦は大きなターニングポイントとなった。

猪木は10月9日、広島県立体育館でレッド・ピンパネールの挑戦を受け、27分43秒に卍固めでギブアップ勝ち。この一戦はテレビ中継がなかったので、具体的な内容は東京スポーツに頼るしかなかったが、ピンパネールの切り札キウイ・ロールで右脚を痛めつけられながらもロープを掴んでディフェンスし、ピンパネールのスタミナ切れを狙ってズバリと卍で決着をつけた。ちなみにピンパネールの正体だったアベ・ヤコブ（エイブ・ジェイカブス）は1928年生まれで、本書が出される2023年8月時点で健在、なんと95歳だ。

日本で知られたトップレスラーとしてはボブ・エリス（1929年生まれの94歳）と並ぶ長寿だが、猪木に挑戦した時点で44歳だったのだから、そのコンディションの良さには驚くしかない。

10月10日の大阪における世界ヘビー級選手権（再戦）は、蔵前の試合と似たような内容になった。11月6日に東京12チャンネルで録画中継されたが、蔵前戦に比較すると80パーセントという感じの迫力しか感じられなかった。両者ともに「蔵前とは違った動きを出そう」という意識が先走って技の仕掛けがチグハグになり、キーロックのリフトアップも蔵前に比べると安定感に欠けた。最後は猪木がキーロックをローリングする瞬間を狙い、ゴッチが「上から体重をかけて潰す」ような形で電撃のスリーカウントを奪取。せっかく、次期シリーズ以降の興行の柱になったであろう世界タイトルは、6日ぶりにゴッチの腰に戻ってしまった。

10月4日、9日、10日の3回にわたり使用された「世界ヘビー級選手権」のベルトは、3月6日（旗揚げ戦）にゴッチが腰に巻いていたベルト（ゴッチの私有物）のデザインをモデルにした日本製の新しいものだった。この新ベルトは、ベースボール・マガジン社が1983年に発行した『栄光の輝き』というベルト特集本に（ほぼ）実物大の大きさで掲載されているが、「WRESTLING」のスペルが「WRESLING」と誤記されている（「T」がない）。歴史的な試合に使用されたのだから、このあたりは（発注した）フロントがもう少し、細かな注意を払ってチェックしてもらいたかったと残念に思う。

シリーズを通して猪木はゴッチと2試合、ピンパネールと1試合、合計3回タイトルマッチをやったほかに、シーン・リーガンとも3回、メインの60分1本勝負で対戦して全勝している。メインで

10・10大阪府立で世界ヘビー級王者・猪木はゴッチの挑戦を受けて立ったが、一瞬のエビ固めで敗れ、ベルトを奪回された

10・10大阪の世界ヘビー級王座戦も東京12チャンネルで約1カ月後に放送された（写真はゴッチの弓矢固め）

猪木がシングルをこなす場合、従来の「60分3本勝負」に代わり、「60分1本勝負」を導入したのもこのシリーズが最初で、その後は徐々に「1本勝負」に収斂《しゅうれん》させていった。当時私は「1本勝負だと、猪木の相手となるレスラーが、得意技で1本取るシーンが見れなくなるじゃないか」と批判的な印象を持ったが、その後にアメリカ、日本ともに1本勝負になっていった結果を俯瞰すると、これは時代の趨勢、観客がスピードアップを求める風潮を「猪木が先取り」した、ある意味「革新的な試み」だったと結論付けしたい。

ニュー・ダイヤモンド・シリーズ

他団体（3団体）から豪華外国人の「物量攻勢」にさらされる

従来（1966年から69年まで）、日本プロレスが「秋の陣」に使用していた「ダイヤモンド・シリーズ」という名称が、3年ぶりに新日本でリバイバルされ、11月12日（和歌山県白浜坂田会館）から12月11日（宮城県スポーツセンター）の期間に20興行が組まれた。ジョニー・ロンドス、カール・フォン・ストロハイム、フランク・モレル、ロナルド・パール、ドン・セラノ、グレッグ・ピーターソンの6人が招聘され、当然のことながら猪木は20興行の全てでメインを取ったが、このシリーズはシングルを一度も組まず、全戦タッグマッチに出場した。同年正月、国際プロレスに「チャールズ・ベレッツ」のリングネームで初来日していたロンドスが（実力的に）他の5人を圧倒しており、いかにも欧州出身らしい堅実な強さを見せて猪木の独断場を阻止した（11月25日の広島県三次大会では、ダブルアーム・スープレックスで2本目に猪木からスリーカウント）。

この時期、日本には4団体が興行合戦を繰り広げていたが、新日本以外の団体が年末シリーズに招聘していたガイジン・レスラーを列挙してみよう。日本プロレス（NETが毎週金曜日の夜8時から1時間放送）がジン・キニスキー、ボボ・ブラジル、キラー・カール・コックス、ザ・（モンゴリアン）ストンパー、アル・コステロ、ドン・ケント、エリック・フローリッチ、マンマウンティン・カノンの8人。国際プロレス（TBSが毎週日曜日の夜6時半から30分放送）がディック・ザ・ブルーザー、クラッシャー・リソワスキー、レッド・バスチェン、マリオ・ミラノ、ブル・ブリンスキー、デニス・スタンプ、ホセ・アローヨ、ダイドーネ・ムッソリーニの

年末シリーズの外国人エース格はロンドス。ゴッチの直弟子だ

11・27MSGにおけるAWA世界ヘビー級王者ガニア、WWWFヘビー級王者モラレスのツーショット。当時の猪木・新日本にとって大物外国人選手は高嶺の花だった

8人。全日本プロレス（日本テレビが毎週土曜日夜8時からの1時間放送）がザ・デストロイヤー、アブドーラ・ザ・ブッチャー、サイクロン・ニグロ、ルーファス・ジョーンズ、ムース・モロウスキー、カール・フォン・スタイガーの6人。

テレビ中継がない新日本は、猪木が盛んに「ジョニー・ロンドスは強い。他の団体が呼んでいるガイジンよりも実力は上だ」と主張していたが、この他団体の「ビッグネームの物量攻勢」の前には虚しく響き、名古屋で発行されていた週2回刊のスポーツ紙『レジャーニューズ』が年末最終号で「このままでは、新日本は倒産する」というショッキングな記事を書いたときは、「せっかく10月のゴッチ戦で勢いがついたのに、やっぱりダメなのか」と、猪木の将来に暗澹たるものを感じたものだった。11月30日、国際プロレスの

「ビッグ・ウィンター・シリーズ」が地元の茨城県スポーツセンターに来たので観戦に赴いたが、全日本の馬場が友情参戦したにもかかわらず、館内は半分の入り（発表は5500人だったが、実数は3000人くらい）。狭い日本マーケットに4団体は余りにも多く、馬場やブルーザー、クラッシャーが出たのに一杯にならないスポーツセンターを見渡しながら「このままでは、日本のプロレス4団体は共倒れになる」と確信した。

この時期のアメリカ・マット界はNWA、AWA、WWWFのメジャー3団体がバランスよく支配しており、NWA世界ヘビー級チャンピオンのドリー・ファンク・ジュニア（当時31歳）、AWA世界ヘビー級チャンピオンのバーン・ガニア（当時46歳）、WWWFヘビー級チャンピオンのペドロ・モラレス（当時31歳）が毎日のように傘下プロモーターの興行で精力的に防衛戦を行っていた。NWAの大物は日本プロレスと全日本プロレス、AWAの大物は国際プロレス、WWWFの大物は全日本プロレスと、招聘来日ルートがガッチリと固められており、猪木とカール・ゴッチは、ごくマイナーなニッチ・マーケット、あるいは欧州マットからの一本釣りに頼る状態を継続するよりほか、為す術は見当たらなかった。

1973年（昭和48年）

坂口、NET、シン、NWFの力を得て大反転攻勢に転じる！

新春バッファロー・シリーズ

新日本崩壊寸前、坂口とNETが猪木につく！

この年（1973年＝昭和48年）は「丑年《うしどし》」だったので、シリーズ名に「バッファロー」が冠された。「干支《えと》の動物」にちなんだプロレスのシリーズ名というのは、72年に及ぶ長い日本プロレス史上でこれだけだったが、今後「新春タイガー（虎）シリーズ」とか「新春ドラゴン（竜）シリーズ」、あるいは「新春スネーク（巳）シリーズ」があっても不思議はないかもしれない（さすがに「新春マウス（ねずみ）シリーズ」と「新春ホース（馬）シリーズ」はないだろうが）。

他の3団体（日本プロレス、国際プロレス、全日本プロレス）の新春シリーズは、それぞれテレビ中継を持っている関係で松の内に開幕したが、「テレビ局の拘束がない新日本」はマイペース、1月11日（足立区体育館）に開幕した。トニー・チャールス、ザ・タイガー（正体はボブ・ミラー、

2月8日、猪木（新日本プロレス）と坂口（日本プロレス）が会見を開き、両団体の合併プランを発表。結局この合併構想は実現しなかったが、坂口が新日本に移籍する契機となった

のちのキウイズの片割れ。2023年4月に78歳で逝去）、ジェフ・ポーツ、アート・ドミンゴ、ブルーノ・ベッカーの5選手が招聘され、2月20日（横浜文化体育館）までの期間に21興行の開催で、「スカスカ日程」とまでは言わないものの「2日に一度」の頻度で大会場もなかったので（一番大きな器でも福岡九電記念体育館と横浜文化体育館、都内は足立区、板橋区、町田市のみ）、やはり黒字を生み出すのは難しいシリーズだったと思われる。

当代随一のドロップキックの使い手であったトニー・チャールス

後年、猪木の参謀だった新間寿氏が「あとワンシリーズ、坂口さんたち（日本プロレス）の合流が遅れてＮＥＴが放送開始してくれていなかったら、ウチは崩壊していたでしょう」と語っていたことがあったが、それも「新春バッファロー・シリーズ」が黒字採算でなかったことの裏付けコメントだった。

５人のガイジンは知名度こそ今一つだったとはいえ、実力的には猪木と好試合ができる粒揃いの陣容だった。特にイギリスのトニー・チャールスは国際プロレスに2度の来日実績があり、人間離れしたジャンプ力を生かしたドロップキックは芸術的でさえあった。ルー・テーズがＵＷＦインターナショナルに立ち会人として来ていた時期、おそらく1993年か94年に、私が控室にいたビル・ロビンソンに対して「最高のドロップキッカーって、誰だと思いますか？　私はトニー・チャールス（本当はチャールズと濁音になるが、日本ではチャールスを使った）だと思いますが」と振ったら、ロビンソンが「そりゃあ、文句なくトニーだろ。対抗できる奴はいないよ」と即答したことがあった。その会話を後ろで聞いていたテーズが突然割って入り、「いやいや、確かにトニーのは素晴らしいけど、私は僅差でパット・オコーナーのドロップキックが上だと思うがね。自分が何回もやられたからかもしれないが、蹴られた瞬間に意識を失うダメージがあったよ」と主張したのを懐かしく思い出す。

ドロップキックというテクニックは、それを使うプロレスラーの運動神経や反射神経、もっといえばセンスを凝縮している。チャールスとオコーナーの比較も絶対的な根拠があるはずもなく、所詮は「好み」でしかないのだが、テーズがオコーナーを推したのは興味深かった。ちなみに引退後の猪木がインタビューの中で何度か、「名前は忘れたけど、ドロップキックが上手いヨーロッパのレスラー」という表現をしたが、あれは間違いなくチャールスを指していた。私も猪木本人に「最高のドロップキッカーは？」という質問をしたことはなかったが、おそらく答えはチャールスではなかったか、と今でも思っている。

シリーズ途中の2月8日、新日本プロレスの猪木と日本プロレスの坂口は京王プラザホテル「コメットの間」で共同記者会見を開き、両団体の合併を発表した。猪木、馬場という番組の看板を失って低視聴率に喘ぐNETの意向も踏まえた3者にとっての起死回生策だった。合体後の新しい団体の名称は「新・日本プロレス」とも発表。翌日（2月9日）の東京スポーツを買ったときに、「新日本プロレス」ではなく、「新・日本プロレス」と書いてある一面を見ながら「発音は共に新日本だから、結局は新日本になるんだろうな」と理解した。発表では、社長が猪木で、副社長が坂口。先輩を立てる坂口らしい控えめな交渉だったことが覗えたが、後年猪木はインタビューの中で「N

ＥＴの信頼を得て全権大使になっていたのは坂口だったので、坂口とＮＥＴが、坂口社長を推してきたら、私は気持ちよく応じた」というニュアンスの発言をしていたのは驚いた。馬場の全日本プロレスが存在していたのに、坂口が社長で我慢できたのか？　今となっては当時の本心を聞くこともできないが、坂口の性格を熟知していた猪木は「坂口が社長を主張することはない」と踏んでいたのだと思う。テレビ放送はＮＥＴが行う。

2団体合併プランがついえたため、坂口は日プロを見限り、新日本へ移籍。同時にNETテレビ（テレビ朝日）も日プロを見限り、新日本の放送を決定。写真は3月31日に開かれた「NETテレビ放映&新日本プロレス創立1周年記念パーティー」

この記者会見で発表した内容は、翌週に韓国から戻った大木金太郎によってアッサリと白紙に戻された。大木は日本プロレス・後楽園ホール大会（「ダイナミック・シリーズ開幕戦」）の控室で記者会見を行い、「私は絶対に反対だ。これは、１年２カ月前に猪木が行ったクーデターを認める、ということになる」と強硬に訴えた。坂口は2月8日の段階で「大木以外の」全レスラーの承諾を得て猪木との記者会見に臨んでいたのに、大木発言を聞いたグレート小鹿、上田馬之助、ミツ・ヒライらは「そういわれればそうだ。大木さん、よく言ってくれた」とばかり、手のひらを返したように大木に賛同したのだからビックリなんてものではなかった。結局、坂口は小沢正志（キラー・カーン）、木村聖裔（健悟）、大城勤（大五郎）の3人の若手と田中米太郎レフェリーを引き連れて日本プロレスを離脱し4月1日から新日本プロレスに合流したが、今でも「あの時」の悔しさは忘れていないだろう。大木の側からみると、あの時点の日本プロレス内部において、大木は絶対的な権力を有していたと言える。いくら坂口が小鹿以下の説得を終えて（猪木と一緒に）記者会見したとはいえ、大木抜きでは、「両団体の合併」はそもそも無理があったということである。「根回し」がなかったということになるが、ひょっとしたら坂口は「見切り発車」で記者会見をし、大木の反乱は予測していたかもしれない。このあたりは今でも私の中で大きな謎として残っている。

今回の本を書くにあたって改めて当時の東京スポーツを全部見返してみたが、猪木は3月12日に「4月1日から、坂口以下、4人のレスラーと田中レフェリーを受け入れる」と記者発表をしており、NETテレビも3月9日に記者会見を開いて「日本プロレスとは3月30日の放送をもって、1年間の契約を完了する。4月6日からは新日本プロレスを放送する」と発表している。つまり大木と小鹿は「テレビ中継がなくなる。放送料も入らなくなる」ことをわかっていながら、坂口に帯同しなかったことになる。このあたりも、今となっては「日本プロレスが潰れても、いずれ馬場さんが拾ってくれるさ」との楽観があったとしか思えない（結局、日本プロレスは4月に崩壊し、大木ら9選手は馬場の全日本に事実上の吸収合併された）。

ビッグ・ファイト・シリーズ

坂口との黄金コンビが復活するも、対戦相手にこと欠く

3月30日の大田区体育館（開幕戦）から4月24日（石川県七尾市体育館）の期間に19興行が組まれ、ジャン・ウィルキンス、マヌエル・ソト（サイクロン・ソト）、バーン・ジール、ジョセフ・モルナー、アーパート・ウェバーの5人が招聘された。全てカール・ゴッチのブッキングによるものだったが、テレビがつく記念すべきシリーズにしては知名度、実力ともに期待外れの感が強かった（後年、高円寺に住んでいた時分、ビル・ロビンソンは「ジョセフ・モルナーは大変な実力者だった」と言っていた）。坂口は3月31日まで日本プロレスと契約があったため、4月1日の第2戦（佐賀県鹿島市中川公園内特設リング）から参戦し、ソトを8分2秒、アトミック・ドロップでフォールしての完勝で門出を飾った。

ソトはゴッチと同じ時期（1971年暮れから72年初頭）にWWWF圏内をサーキットしており、WWWFでの仕事を終えたことでゴッチの誘いに応じた経緯があったが、実は馬場の親友ブルーノ・サンマルチノの「子分の一人」でもあった。今から10年ほど前のことだったと記憶しているが、全日本のレフェリーだったジョー樋口さんが亡くなったあと、樋口さんの遺品整理をしていた関係者

坂口合流後初のシリーズ「ビッグ・ファイト・シリーズ」の宣伝用に撮られた猪木&坂口の特写。写真はパンフレットに使用されたもの

の方から連絡があり、樋口さんが段ボールに入れて保存していた全日本関係の写真、手紙類を見せてもらったことがある。その中にソトの大きなポートレートがあったので、写真の裏を見たら、青いボールペンで、こう書かれていた。

「親愛なるジョー、元気でやっていますか？　５月にまたオールジャパンに行くことになったので、あなたに会えるのをすごく楽しみにしています。この写真はプエルトリコ生まれのマヌエル・ソトというレスラーです。６フィート、２２０ポンドで、素早い動きができるグッド・レスラーです。私の身の周りの世話を長くやってくれていた性格の良い真面目な若者なので、オールジャパンに呼んでもらえるよう、ババに話してくれませんか？　ブよろしくお願いします。ブルーノ・サンマルチノ」

封筒の日付は1975年の2月で、その年の5月、全日本に来ることが決まったサンマルチノ（当時はWWWFヘビー級王者。5月9日に両国の日大講堂で馬場を相手に防衛戦）が、樋口さんに宛てて書いた「挨拶代わりのブッキング依頼書」だったことがわかる。超大物サンマルチノの依頼とあっては、断ることもできない。樋口さんは即座に馬場に伝えたと思われ、その結果ソトは5月の全日本のシリーズに「ブラック・デビル」という覆面で招聘され、人気絶頂のザ・デストロイヤーの「覆面十番勝負」の相手になったが、「このデビルは、宣材写真と違う。偽物だ」という騒ぎになって、8月に「本物のブラック・デビル（というのは実在しなかったのだが）」が改めて呼ばれるグダグダになったことがある。自分の知らないところで勝手にブラック・デビルをやらされたソトは迷惑だったろうが、そもそもサンマルチノが「ソトは、2年前、新日本のテレビ放送開始の記念シリーズに呼ばれていた」などという経歴をチェックしていたはずもなく、単なる親分心でソトを売り込んでやっただけだったろう。ソトの名前を古い雑誌で見るたびに思い出す話だが、とにかくシリーズのエース格になれる実力者ではなかった。

もう一人のエース格、ジャン・ウィルキンスも193センチの長身だけが売り物で動きは鈍く、これまた心もとない存在だった。4年前（1969年）の初来日時（国際プロレス）には、シングルでラッシャー木村、サンダー杉山、グレート草津に負け、中堅の田中忠治と引き分けているのだから、そもそも多くは期待できなかった。それでも4月5日（栃木県佐野市体育館）のメインのタッグマッチで、ペンデュラム・バックブリーカーで猪木から1本目を奪取したのは大殊勲だったが、ソトとのコンビで4月20日、蔵前国技館における「猪木&坂口〝黄金コンビ〟の復活第一戦（テレ

4・[illegible]蔵前で日プロ時代以来となる猪木&坂口「黄金コンビ」が復活。ウィルキンス&ソトと対戦

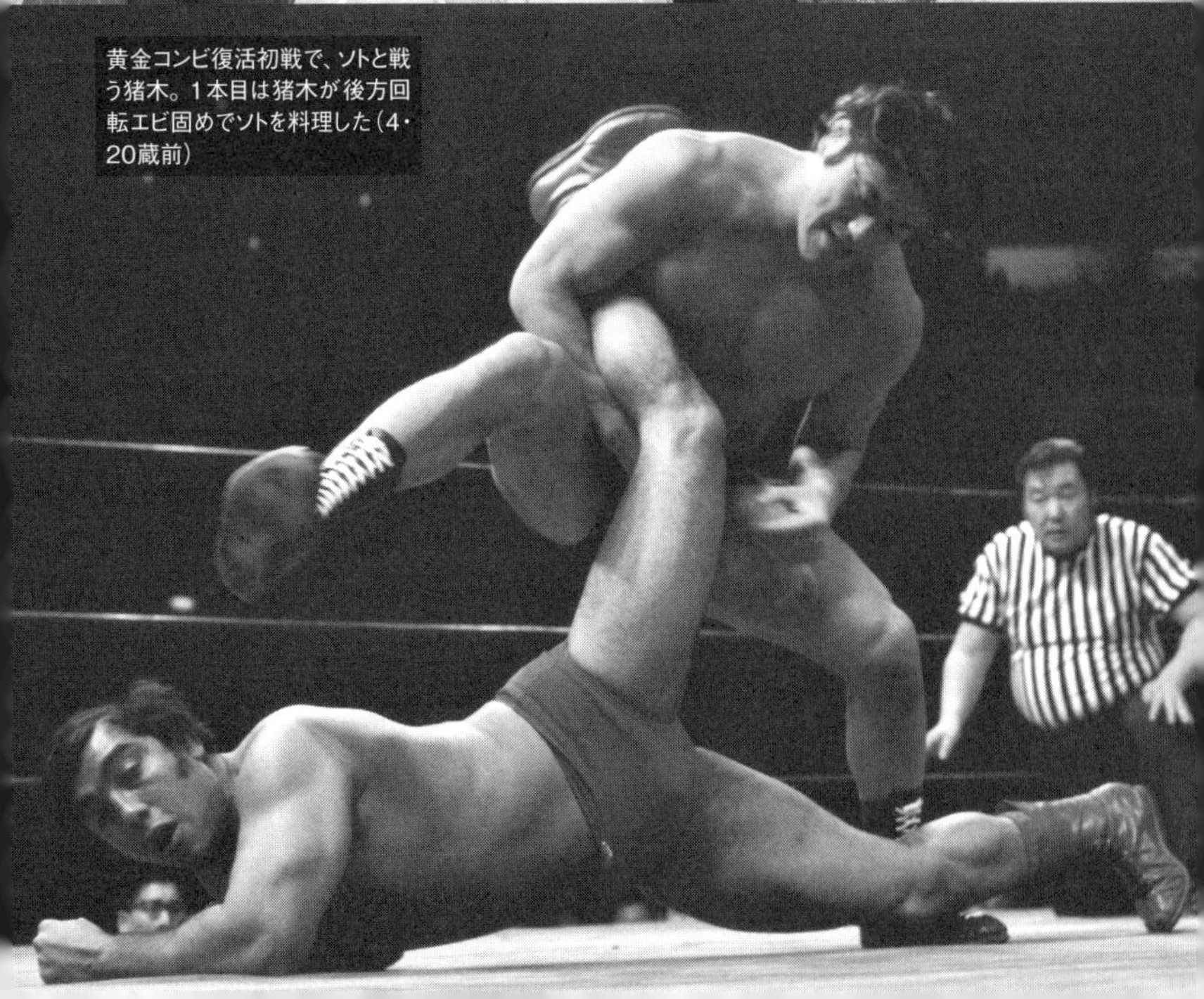

黄金コンビ復活初戦で、ソトと戦う猪木。1本目は猪木が後方回転エビ固めでソトを料理した（4・20蔵前）

坂口という心強いパートナーに見守られながら、ウィルキンスと戦う猪木（4・20蔵前）

2本目、坂口がアルゼンチン・バックブリーカーでウィルキンスにギブアップ勝ち。2対0で黄金コンビが復活第1戦を勝利で飾った（4・20蔵前）

ビ生中継）」に抜擢されたのは荷が重すぎた。

1本目は猪木がソトを新兵器（日本プロレス時代は使っていない）の後方回転エビ固め（パット・オコーナー式）で15分28秒にフォール。2本目は坂口が15分46秒、ウィルキンスをアルゼンチン・バックブリーカーでギブアップさせて黄金コンビがストレート勝ちを飾ったが、正直言って内容的にはワンサイドであり、テレビを見ていた私は「このあとも、猪木と坂口は、このレベルのガイジンしか対戦できないのか」と暗澹たる気持ちにさせられた。4月6日の「ワールドプロレスリング」（毎週金曜夜8時から1時間放送）の放送開始から3週間、毎週ソトとウィルキンスの試合がノーカットで流されたが、翌日の土曜日の「全日本プロレス中継」にはザ・デストロイヤー、ザ・シーク、マーク・ルーイン、キング・イヤウケアら豪華ガイジンが毎週登場していた時期（第1回チャンピオン・カーニバル）だったので、NETの番組プロデューサー、ディレクター陣は「ウチも、どうにかならないか」と忸怩たる思いだったろう。

ゴールデン・ファイト・シリーズ

猪木の予想を上回り、シンが悪のエースとなる！

前シリーズ終了から中9日、5月4日（川崎市体育館）から6月14日（大阪府立体育館）までの期間に23興行が開催され、タイガー・ジェット・シン（試合は5月8日の第5戦、熊本大会から出場）、レッド・ピンパネール、スチーブ・リッカード、ロベルト・ブルース、ルディ・サトルスキー、

ウォルフガン・サトルスキーの6人が招聘された。記念すべきシンの初参加が最大の目玉となって話題を呼んだシリーズだったが、開幕戦の川崎（テレビ生中継）における客席からの乱入は、確かにインパクトがあった。セミファイナル前のシングル戦、山本小鉄対スチーブ・リッカードの試合に私服で乱入したシンは、山本にチョーク攻撃（コブラクロー）を仕掛けて半失神状態に追いやった（試合は12分31秒、山本の反則勝ち）。この日のテレビ解説は日刊スポーツの鈴木庄一氏だったが、舟橋慶一アナウンサーの「これはいったい、誰ですか？」との問いに「これは、おそらくタイガー・ジート・シンというインドのレスラーです」と即答したのは流石だった。ターバンにワイシャツ姿だったので、あまり海外情報に詳しくない解説者だったら、「さあ、レスラーじゃないかもしれませんね」などと答えてスベったかもしれない。その日のメインでは、猪木がガイジン・エースのレッド・ピンパネールをバックドロップ一

観客席におとなしく座っていたインド人が突如試合に乱入し、山本を襲撃する事件が発生（5・4川崎）
タイガー・ジェット・シン伝説の始まりだった

発で破ったので、「次週からはシンが中心になっていくだろう」という予想が容易についたのだが、当時の雑誌を見直すとそうではなかったようだ。6月15日発売の『月刊プロレス』7月号、「プロレス時評」のページを見ると、鈴木庄一氏がこう書いている。

「このシリーズは5月10日から14日までの5日間、興行がなかった。そこで御大の猪木はロサンゼルスに飛び、シリーズ後半戦に特別参加する外人選手を二人決めてきた」

この「二人」というのはビューティフル・バーガードとルーク・グラハムで、それは5月25日の「ワールドプロレスリング」内で放送席に座った坂口から明らかにされたが（グラハムは急病でドタキャン）、猪木が渡米してリクルートしていたことは、まだ「シンが本当にエースとして通用するかどうか、半信半疑だった」ことを証明している。

日本に来るまでのシンは、オーストラリアのマットに出場していた。当時のオーストラリアは「ピープルズ・アーミー」と称していたベビーフェイス軍団（マーク・ルーイン、キング・イヤウケア、ワディ・アユーブ、マリオ・ミラノ、スパイロス・アリオン、キラー・カール・コックスら）と、ビッグ・バッド・ジョン率いる「アーミー」と称するヒール軍団（ヒロ・トージョー＝サムソン・クツワダ、ワルドー・フォン・エリック、ドン・ファーゴ、ブルドッグ・ブラワー、アブドーラ・ザ・ブッチャー、タイガー・ジェット・シンら）の流血抗争が最高に盛り上がっており、どこの会場も超満員。ジム・バーネットがプロモートしていた時代（1964年～74年）の最後の黄金時代と言われた時期だった。インド系の移民が大勢住んでいるオーストラリアでは、端正な顔を持つシンは本来、善玉が向いていた。にもかかわらずバーネットの意向で中途半端なヒール軍団の下っ端に組み入れられており、特にブッチャーの下に見られていたことを大いなる屈辱と感じていた。そこで降って湧いたような「新日本参戦」という極上の誘いは、シンにとって超ビッグチャンスとなった。1981年5月、全日本のブッチャーが新日本に引き抜かれて移籍してきたときに、新日本のシンは即座（翌月）に馬場の誘いで全日本に移籍したが、全てはこの1973年上半期のオーストラリア時代に受けた「ブッチャーより下だった」という屈辱が「トラウマ」として残っていたことに起因する行動だった。

ニュージーランドのプロモーターだったリッカードが一緒のシリーズにいたことは、シンにとってラッキーだった。私は1998年3月、アメリカのハリウッドにある「スポーツマン・ロッジ・ホテル」で催されていた「カリフラワー・アレイ・クラブ」（年に一度のレスラーの大OB会）にニュージーランドから来ていたリッカードにインタビューしたことがあったが、シンとの遭遇については、次のように述懐していた。

「ニュージャパンにシンをブッキングしたのは、私ではなかった。もちろん、シンはオーストラリアから（隣国の）ニュージーランドに何度も遠征していたから、よく知る仲ではあったけどね。あのあと、シン自身がニュージャパンにブルータス（・ムルンバ）とかジンバ・カーンとか、ニュージーランドのレスラーをブッキングするようになったから、あのあとはむしろ私のコンペティター（競争相手）になった。あの頃、ブリティッシュ・エンパイヤ（英連邦）の加盟国であるカナダとオーストラリアとニュージーランドは、レスラーがワーキング・ビザなしで自由に往来できていた。ト

シンは1965年のデビュー以来、カナダマットではベビーフェイスだった（写真は70年のカナダ時代。シンが最初に新日本に持参した自己紹介写真）。オーストラリアマットを経て、新日本では一転、凶悪ファイターと化した

ロントに住んでいたシンもその一人で、3つの国をローテーションでサーキットしていたが、私が年に何回かプロモートしていたシンガポールで出会った日本人のビジネスマンが、ニュージャパンにシンを紹介したと聞いた。本当のことを言えば、あの頃私自身は、ブルーノ・ベッカーとかアート・ドミンゴ、ロベルト・ブルースらをニュージャパンにブッキングして良好な関係にあったし、シンが（ニュージャパンの）常連になったことは悔しかったよ。ウェリントンではレスリング・スクールをやっていたし、そこの有望なレスラーを定期的にニュージャパンに送る予定にしていたけど、なんとなくシンにビジネスを横取りされたような気分だった」

「ゴールデン・ファイト・シリーズ」では猪木とシンが2度、シングルで対戦し、1勝1敗（5月25日の岐阜市民センターにおける初対決は1対1から猪木が反則負け。6月14日の大阪府立体育館ではメインの時間無制限1本勝負で猪木が反則勝ち）。坂口とは6月8日（埼玉・大宮スケートセンター）にメインの60分3本勝負で対戦、1対1から坂口が反則勝ちしている。黄金コンビに負けなかったシンは、ここで「悪のエース」としてのライセンスを取得し、既に全日本で不動のヒール人気を独占していたアブドーラ・ザ・ブッチャーの対抗馬となった。

猪木対シンが新日本の、馬場対ブッチャーが全日本の目玉カードとなって年間興行が回される時代は、この1973年6月から81年4月までの7年10カ月も継続した。リング上は連日、「流血の修羅場」ではあったが、両団体の経営的な側面から言うと、この7年10カ月は最も安定収益を享受した「平和な期間」だったと言える。シンにとってもブッチャーにとっても、それぞれが「お山の大将」でいられた人生の絶頂期だったろう。

乱入事件で名を上げ、途中からシリーズ参戦を始めたシンと猪木が初一騎打ち（5・25岐阜）。猪木は初戦で敗北を喫した（1対2）

タイガー・ジェット・シンの電撃参戦は、それまで圧倒的な差をつけられてきた全日本の豪華ガイジン攻勢に一矢報いた感があり、ここからは新日本は徐々に「弱体ガイジン」の汚名を挽回していく。

サマー・ビッグ・ファイト・シリーズ
ジン・ラベールが猪木のために水面下で尽力

前シリーズ中に猪木が急遽ロサンゼルスに飛んでビューティフル・バーガードをブッキングしたことを書いたが、次の「夏の陣シリーズ」からはロスとの提携関係が一気に強化され、ロス地区で活躍していた大物のムーンドッグ・ロニー・メインと、プロモーター（NWA副会長）のマイク・ラベールの実弟であるジン・ラベールがレフェリーとして全戦（7月6日の開幕戦から8月16日の最終戦までの21興行）参加した。このシリーズにはメイン、ラベール以外にシーン・リーガン、デニス・ホール、シスコ・グリマルド、ジョン・エル・サリバン（ジョニー・バリアント）、ターザン・ジャコブスの5人が招聘されたが、テレビ放送が始まった2つ前のシリーズに比較すると明らかに質が向上しており、毎週金曜夜8時の中継も充実していった。

7月6日の開幕戦は後楽園ホールからの生中継だったが、これが新日本としては初の後楽園使用だった。それまでは日本テレビが放送する全日本プロレス（共に読売系）の独占使用となっていたが、後楽園ホール側から「4月に日本プロレスがなくなったので、会場が空いている日であれば、

7月6日、新日本が後楽園に初進出。木戸とのコンビでタッグマッチに臨んだ

全日本以外の団体にも貸して回転を良くしたい」との申し入れがなされ、新日本にも使用許可がおりた（国際も10月から定期使用が可能になった）。猪木はテレビ中継では初となる木戸修（23歳）とのコンビでシーン・リーガン、デニス・ホール組と対戦し、ホールを後方回転エビ固めでフォールして好調をアピールした。旗揚げメンバーの一人である木戸はここからテレビ登場が多くなっていったが、猪木・坂口の「黄金コンビ」が絶対的なツートップとして君臨していたので、どう頑張っても「大会場、ビッグマッチの猪木のパートナー」には成りえなかった。5年後に藤波が凱旋してきたときは「猪木・藤波組」が一気にトップ・タッグに躍り出た印象があるが、それは坂口にやや陰りが見られてきたことが大きく、その意味で木戸は不運だったと思う。

このシリーズでは特別レ

フェリーとして参加したジン・ラベールが大きな成果を残している。そもそも、猪木と坂口はなぜ、わざわざラベールを6週間も呼ぶ必要があったのか？　これについて、私は1990年代後半、ジン・ラベールに直接インタビューしたことがあるが、箇条書きにすると次の二つの課題をこなしていたようだ。

（1）8月上旬（3日から5日まで）ラスベガスでNWA総会があり、新日本がNWAのメンバーになるために協力すること（アメリカ、カナダのプロモーターとの連絡）
（2）五大湖周辺で勢力があったNWFが新日本との協力関係を希望しており、ジョニー・パワーズとの間の橋渡しをすること（8月24日、ロサンゼルスで猪木・パワーズ会談を極秘裏にセットし、その夜、オリンピック・オーデトリアムで猪木、坂口対ジョニー・パワーズ、パット・パターソンの北米タッグ選手権試合を実現）

従来、ロサンゼルスで日本プロレス時代にブッカーとして権限があったミスター・モトが依然、馬場夫妻と極めて親密な関係にあったため、モトは新日本への協力を拒絶して、馬場とNWAを繋ぐ役割に徹していた（モトの息子リチャード・イワモト氏の証言）。現にミスター・モトは馬場の要請で10月の「ジャイアント・シリーズ」に来日し、10月9日の蔵前国技館（馬場、鶴田友美〈ジャンボ鶴田〉対ファンク兄弟のインターナショナルタッグ選手権）にもNWA立会人として認定書を読んでいる。ラベール兄弟にとっては、頭を下げて業務提携を申し入れてきた猪木、坂口のほうに肩入れしたい。ビジネス的には当然の判断だが、そうなるとモトがいない場所、つまり日本に行って政治交渉をやるのが最も適切だったのだ。ジン・ラベールが7～8月に長期滞在した裏には、このような特殊事情が存在した。

私は最終戦、8月16日の足立区体育館に観戦に赴いた（実家の水戸から約2時間）。まだ高校1年だったので夏休み中であり、テレビがついてから一度も生観戦していなかったので是非、「ナマの黄金コンビ」を確認しておきたかった。猪木はメインでシーン・リーガンと60分1本勝負、坂口はセミでロニー・メインとシングルで対戦という豪華カードであり、68～69ページに掲載したのは私がリングサイドで撮影したヘタクソな写真（猪木対リーガン）だが、レフェリーのジン・ラベールも写っているの

パワーズはアメリカ五大湖地区に勢力を持つNWFを運営。NWF世界ヘビー級初代王者（1971年）にして73年10月に2度目の王座に就いた

で、新日本51年史的に意外と貴重な写真ではないかと思う。この翌週（8月24日）にオリンピック・オーデトリアムで行われた北米タッグ戦は、NETテレビからノーカット録画中継されたが、これが現在「新日本を中継するようになってからの、テレビ朝日のアーカイブに残っている最古の試合」である。

8月24日の昼、ロサンゼルスのダウンタウン郊外にあった「ヴィルモア・ホテル」において、猪木は「東京プロレス旗揚げシリーズ」以来、7年ぶりにジョニー・パワーズと再会し、その後のビジネス提携具体策について綿密な会談を行っている（坂口とジン・ラベールが同席）。その席では「パワーズが9月シリーズに短期間の特別参加すること」と「NWF地区のトップ選手であるジョニー・バレンタインを新日本にブッキングしてくれること」、並びに「12月に東京で猪木の挑戦を受け、

（右・左）筆者が撮影した8・16足立区の猪木vsリーガン。レフェリーはラベール

NWF世界ヘビー級選手権を行うこと」について基本合意を得た。

ジン・ラベールは、こうして2カ月に及ぶ「新日本に依頼された大役」を完璧に全うした。1976年6月26日、猪木がモハメッド・アリ戦のレフェリーをジン・ラベールに任せたのは、このような過去の信頼関係から考えると当然の人選であり、あのアリ戦レフェリーは、ジン・ラベール以外の適役など誰一人、存在しなかったと言えるだろう。

闘魂シリーズ

猪木が初めて主役の座を坂口に譲った日

私の中では「ガイジンの質が、ここから全日本と肩を並べた」記念すべきシリーズがこれだ。

9月2日（田園コロシアム＝開幕戦）から

9・2田園コロシアムでリベラとタッグ対決

10月12日（横浜文化体育館）までの期間に28興行が開催され、ジョニー・パワーズ（9月6日から15日までの特別参加）、ジョニー・バレンタイン（17日から29日までの特別参加）、ビクター・リベラ、ボビー・ボルド・イーグル（ボブ・ボイヤー）、アール・メイナード、アナコンダ、ウェイン・ブリッジ、クレイトン・トムソン、エル・サント（ハン・リー）の9選手が招聘され上々の観客動員数を記録する。7月から水面下で交渉が行われてきたNWF（ジョニー・パワーズ）との全面的な提携が開始し、ガイジン招聘に関しては、従来のカール・ゴッチのルート、ロサンゼルスのラベール兄弟ルートに加えて（3つ目の）「NWFルート」が構築され、以降はバラエティに富んだ顔ぶれを揃える体制が整った。

シリーズを通してエースで頑張ったのは、ロサンゼルスのトップ・レスラーだった〝黒い核弾頭〟ビクター・リベラ。相変わらず切れ味鋭いドロップキックと切り札のサンセット・フリップは猪木、坂口を大いに苦しめた（タッグマッチでは猪木から3度、フォール奪取。シングルでは10月12日の横浜文化体育館で対戦し、卍固めでギブアップ）。異色の存在として注目されたのはメキシコから初来日した巨体のアナコンダ（メキシコではTNT）で、リングに「生きた巨大な蛇」を首に巻いて登場するシーンには、気の弱い女性ファンが目をそむけるシーンが続出。NETのディレクター陣が「蛇の首巻きはテレビコードに触れる可能性あり」と判断した結果、一回もテレビに登場しなかったのが惜しまれる。

大蛇を首に巻いて入場するアナコンダ

シリーズ最大の盛り上がりとなったのは9月28日の広島県立体育館（生中継）で、ここでは足首を痛めて歩くのがやっとの状態だった猪木に代わり、急遽坂口がバレンタインとシングル

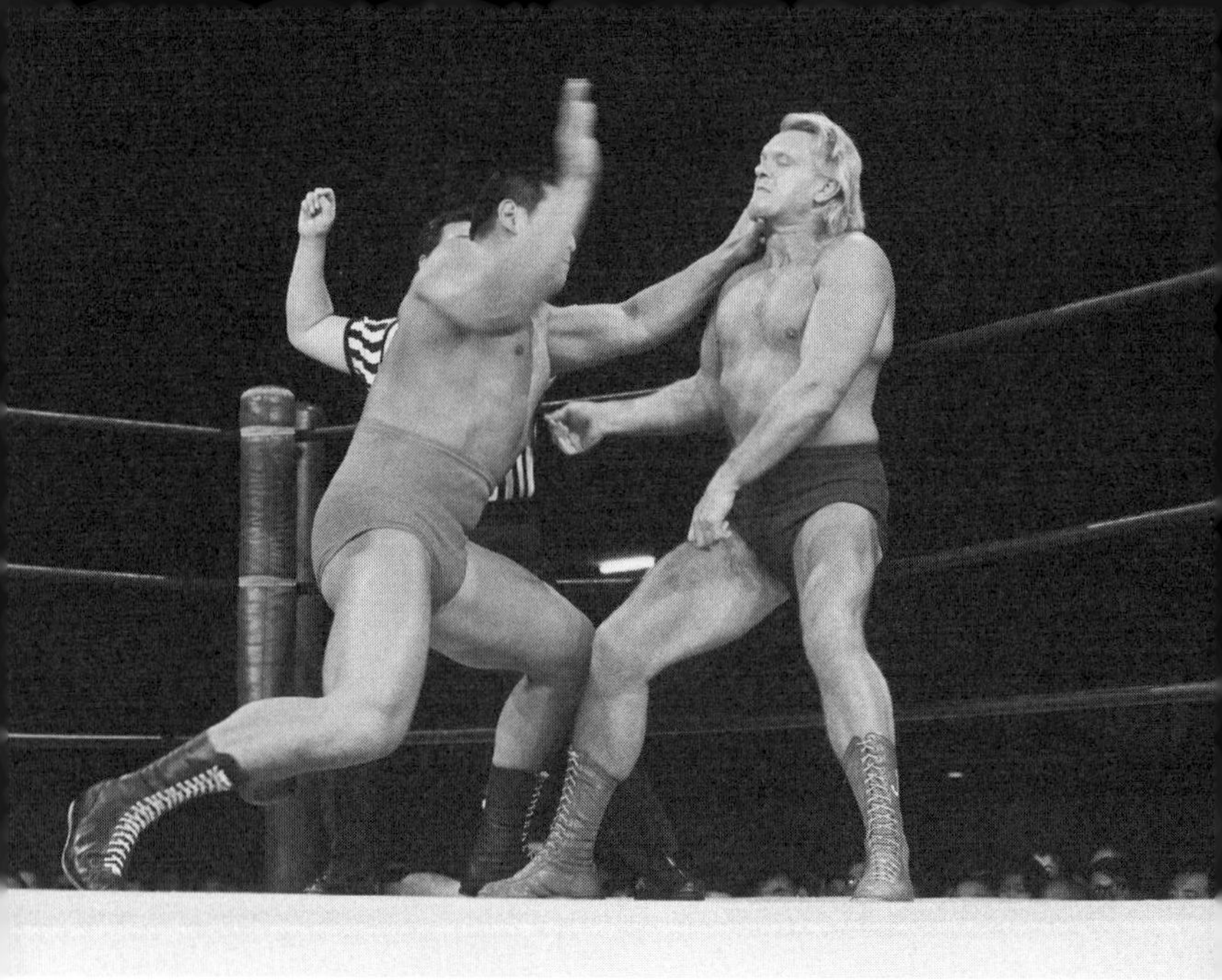

9・28広島で、足首を負傷している猪木の代わりに坂口がバレンタインとシングル対決した

戦で対戦することになった。前週（9月17日の熊本）ではバレンタインのエルボー攻撃で血ダルマにされ反則勝ち（10分48秒）しているだけに、広島は坂口にとって真価を問われる大事なリベンジ戦になった。猪木はテレビ生中継に入る前に試合を終了しており（エル・サントに4分32秒、コブラツイストで圧勝）この日は8時から放送席の解説席に座って山本、木戸対リベラ、イーグル、坂口対バレンタインの2試合をコメントしたが、私は猪木の細かい技術解説に感心した。バレンタインの重厚な攻め、特に坂口の肩の上に馬乗りになって絞めあげる独特のアームロックや、相手のヒジを下から突き上げて重心を浮かす攻撃の説明は、それまでの対戦で何度もやられた猪木ならではの説得力があって興味深かった。終盤、坂口が劣勢になるとマイクの目前で猪木が「サカグチ！　いけ！」と絶叫した

ので、ビックリした三浦アナがマイクを落として実況できなくなるハプニング・シーンもあって笑えたが、最後は坂口がトップロープ越しに豪快なブレーンバスターを決めて、初めてバレンタインから勝利を掴んだ（14分4秒、体固め）。東京プロレス、日本プロレスと何度も名勝負を展開した猪木・バレンタイン戦が見れなかったのは残念だったが、テレビ放送開始後、初めて猪木が「主役の座を坂口に譲った」忘れられない一戦である。

私は10月10日（当時は体育の日が毎年10月10日だったので祝日）、茨城県石岡市茨城相互グラウンドに赴いて生観戦したが、セミファイナルに登場した猪木はウェイン・ブリッジを鮮やかなコブラツイストに決めて完勝（7分47秒）。その日の控室になっていたのは会場の隅に立てられた「黄色いテント」だったが、そのテントの前に厚いマットレスを敷いて藤波辰巳（当時19歳）に何度も背中を踏ませる猪木を見ながら「猪木も30歳。もう〝若獅子〟じゃないよな」と思ったものだった。「闘魂シリーズ」というネーミングが使用されたのもこの時が初めてだったので、このあたりから「猪木＝闘魂」が完全に定着していった。

世界最強タッグ戦

猪木をマット界の主役に押し上げるための東スポ興行。右肩脱臼のテーズも奮闘

マスコミが主催する興行は、日本のプロレス史上、これが初めてだった。1972年の10月4日、蔵前国技館で行われた猪木・ゴッチ戦の稿に書いたが、この試合を見た東京スポーツ新聞社の井上

鉄人テーズと神様ゴッチの夢のコンビが実現(10・14蔵前)

10月13日午前、テーズ&ゴッチ、猪木&坂口がオープンカーで外堀通りをパレード

博社長は「これからの日本のプロレスは猪木が主役だ。ウチは猪木を中心の紙面作りをしていく」と決断、プロレス報道のリーダー格である山田隆と櫻井康雄の両デスクに、その旨を伝達した。井上社長は「猪木番」だった櫻井氏に、この1973年の春頃「猪木を中心とした、ウチの主催興行をやりたい。金はタップリ出す。何かアイデアはないかね？」と聞いたそうだ。櫻井氏はほぼ即答で、「社長、猪木と坂口の黄金コンビと、ルー・テーズ、カール・ゴッチを組ませたチームとのタッグマッチはどうでしょうか？　私が昔から夢見ていたカードなんですが、坂口と猪木がドッキングした今ならば、十分可能なカードだと思います」と提案したという。

これまた井上社長が即答で「素晴らしいカードだ。よし、それで行こう」と乗って決まったそうだが、この時のやりとりを述懐す

10月13日昼、新宿伊勢丹屋上でサイン会を行うテーズ&ゴッチ

る櫻井氏の顔は本当に嬉しそうだった。

「テーズとゴッチのギャラ、ホテル代、飛行機代、蔵前国技館の使用料は東京スポーツが負担しました。あとは、東京スポーツが新日本から興行を買った形です。つまり、新日本プロレスにとっては完全な売り興行ですから、リスクはなかったです。とはいえ、このカードで蔵前が半分しか埋まらないとなると、企画者の私は切腹ものでした。猪木とも絶縁されたでしょう。とにかく満員にしなければならない。利益を出すというのが井上社長の目的ではなく、この興行を起爆剤として、沈滞していた日本のプロレス界に活を入れたい、と何度も言っていました。〝世界最強タッグ戦〟というキャッチコピーも私の発案です。私は歴史小説が大好きで、いつかプロレスのビッグマッチに〝最強〟というフレーズを使ってみたかったんですよ。この試合が、まさに

最強タッグ戦の行われた10・14蔵前大会は1万2000人の満員に

そのタイミングでした」

テーズとゴッチは10月12日（金曜日）に来日し、翌13日土曜日の午前中はオープンカーで外堀通りをパレード。昼には、新宿伊勢丹屋上で公開スパーリングとサイン会を行うなど、ハードスケジュールを淡々とこなした。試合当日の14日（日曜日）は蔵前国技館に1万2000人の満員観衆を集めることができて、責任者の櫻井氏は「これで切腹せずに済んだ」とばかり、ホッと胸を撫でおろしたという。1本目は19分35秒、テーズが一瞬の隙をついて坂口に豪快なバックドロップを決めて先制フォール。2本目はテーズのバックドロップを食った猪木が意識朦朧となりながらも坂口に巧く繋ぎ、バックドロップで自らも後頭部を打ったテーズに坂口がアトミック・ドロップを決めてタイスコアに追いついた（10分22秒）。3本目は猪木とゴッチがロープ

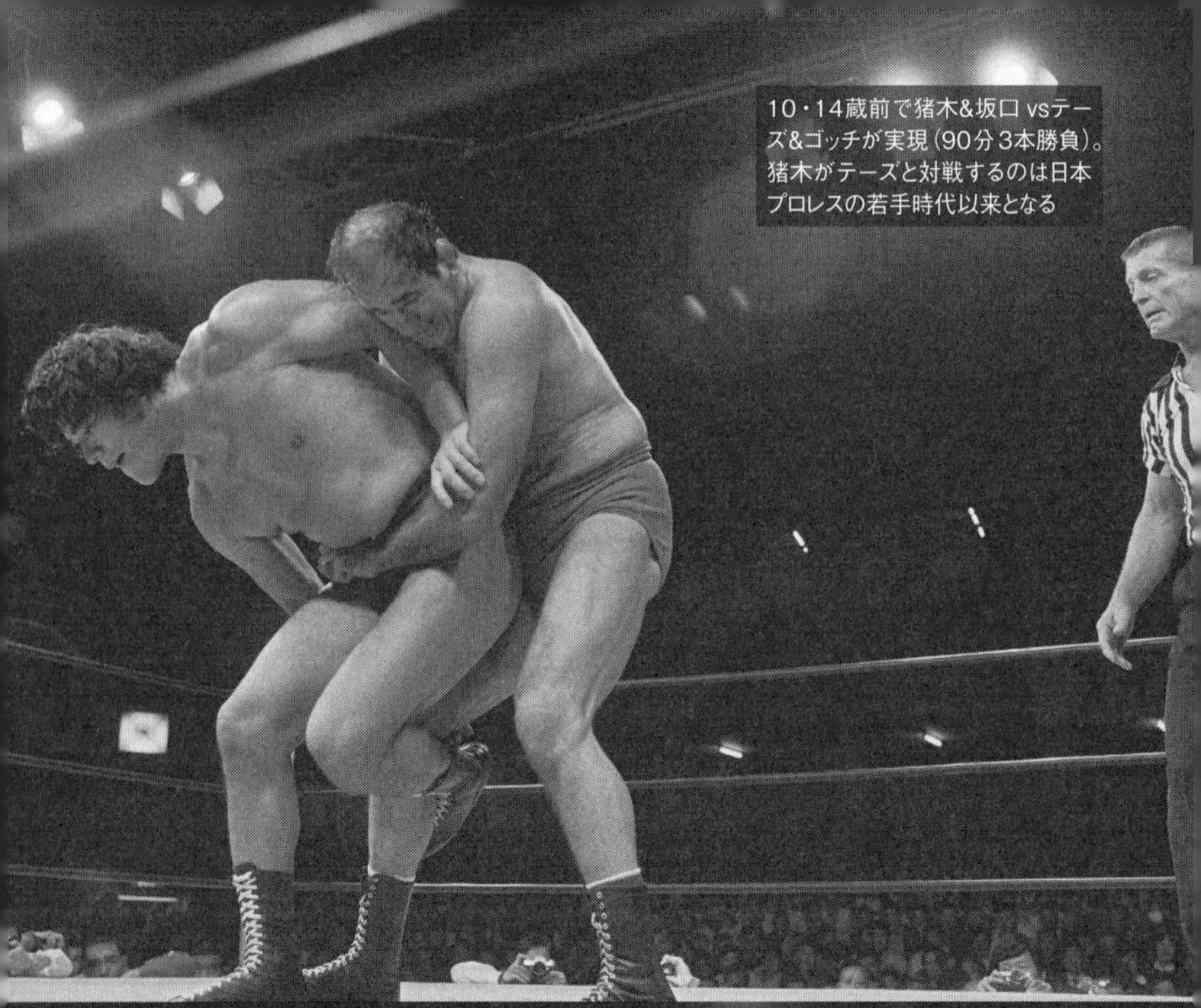

10・14蔵前で猪木&坂口 vsテーズ&ゴッチが実現（90分3本勝負）。猪木がテーズと対戦するのは日本プロレスの若手時代以来となる

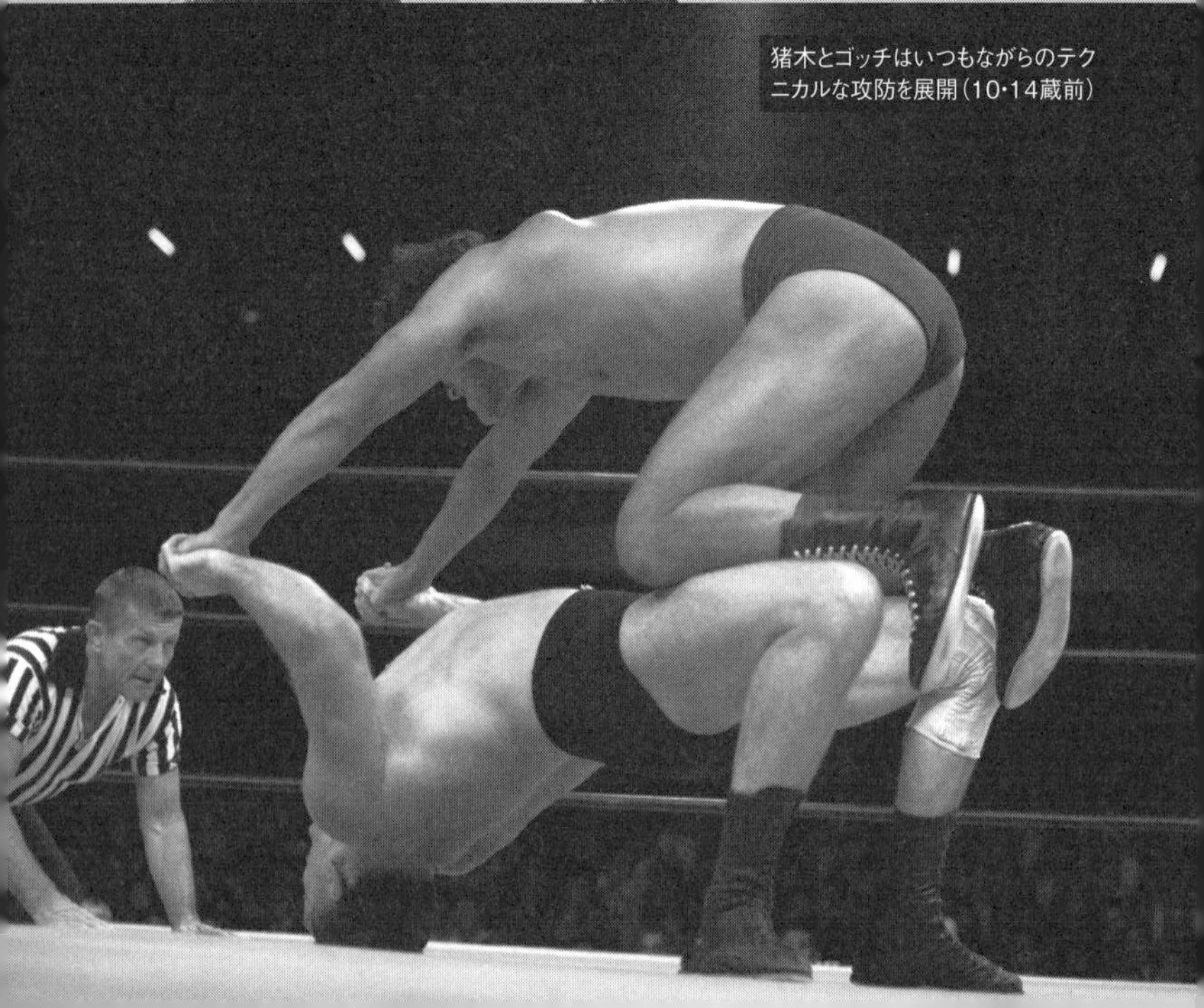

猪木とゴッチはいつもながらのテクニカルな攻防を展開（10・14蔵前）

1本目はテーズが必殺バックドロップで坂口を沈めた（10・14蔵前）

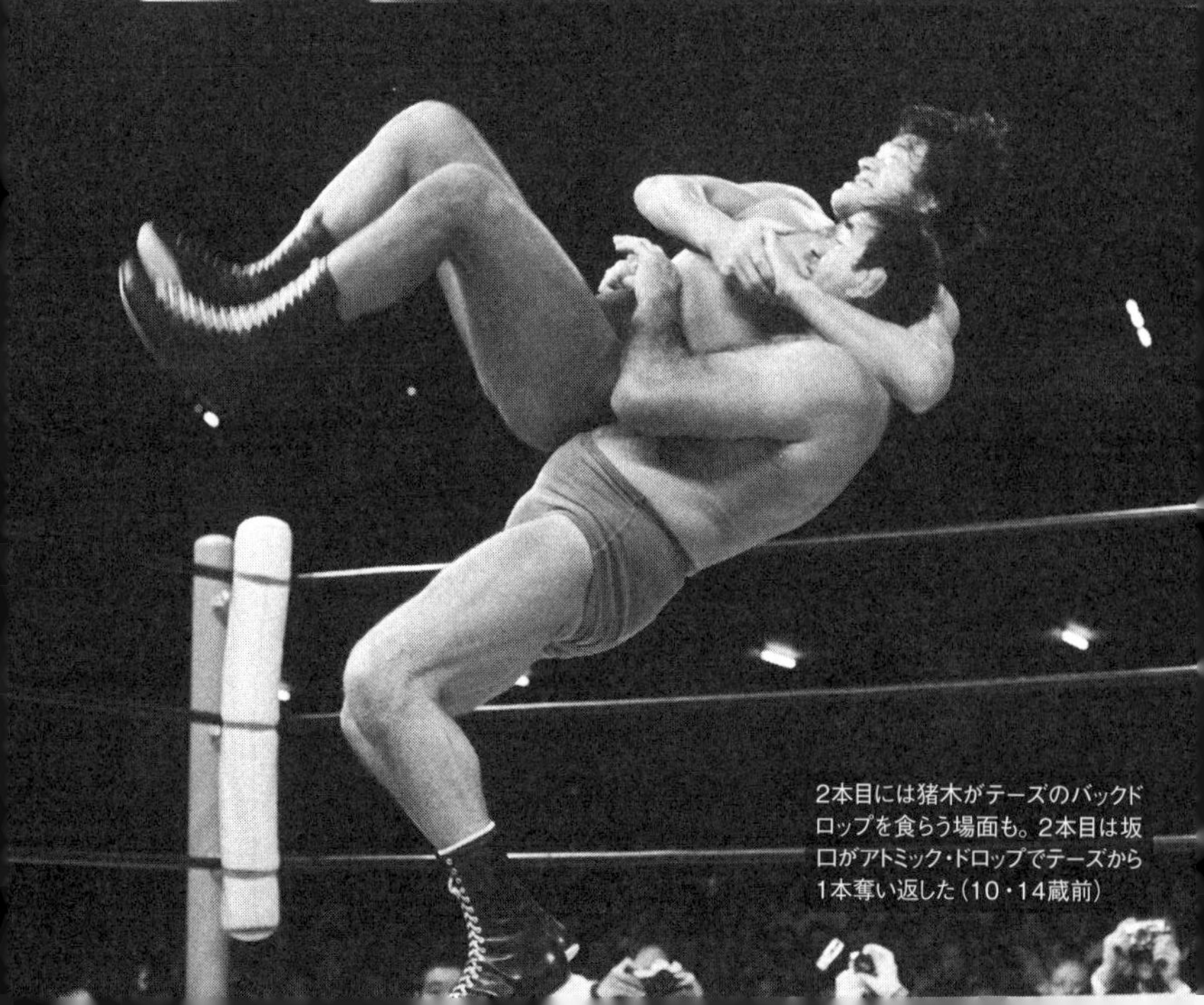

2本目には猪木がテーズのバックドロップを食らう場面も。2本目は坂口がアトミック・ドロップでテーズから1本奪い返した（10・14蔵前）

（右・中・左）3本目、猪木がジャパニーズ・レッグロール・クラッチホールドでゴッチから初の3カウントを奪取（10・14蔵前）

猪木は師匠ゴッチから悲願の初フォール勝ちを奪うとともに、テーズ&ゴッチ最強コンビを破る快挙を遂げた（10・14蔵前）

際でもつれる攻防となり、場外転落したあとリングに戻ったゴッチに強烈なドロップキックを浴びせた猪木が、そのあと新兵器のジャパニーズ・レッグロール（回転足折り固め）を見せて師匠ゴッチから初のスリーカウントを奪い（13分40秒）、黄金コンビが2対1で快勝した。延べ45分近い試合の中で、一度もカットプレーなし。タッグマッチの原点に立ち戻ったような古典的攻防は見応え十分、まさに名勝負だったと思う。敢えて残念な点を挙げるとすれば、テーズが来日4日前のジャック・ブリスコ戦（10月8日、テネシー州メンフィス、NWA世界ヘビー級選手権、テーズが負け）で右肩を脱臼しており、今一つ本来の動きを出せていないことだった。この「肩を脱臼していた」という話はテーズが国際プロレスに来ていた1979年に聞いたものだったが、その事実を知った上で改めてビデオを見直してみると、確かにテーズは終始右の肩を庇って動いており、坂口がコブラツイストを仕掛けたシーンでは異常なほど痛そうな表情を見せている。

そのコンディションでも、バックドロップで130キロの坂口を軽々と投げて見せたのだから凄い。いずれにせよ主催者の東京スポーツとしては最高に満足のいく結果となり、これ以降も新日本のビッグマッチ興行に頻繁に関わっていくこととなった。

闘魂シリーズ第2弾

伊勢丹事件後の猪木対シンが初の札止め興行&テレビ高視聴率に

10月26日（後楽園ホール）から11月30日（広島・福山市体育館）までの期間に21興行が開催され、

シンによる猪木夫妻襲撃事件が起こった新宿伊勢丹前

タイガー・ジェット・シン、ジャック・ルージョー、ビル・ホワイト、デーブ・モーガン、テリー・ルージ、レイ・グレーン、デーブ・ラールの7人が招聘された。カルガリーの重鎮（スチュ・ハートの番頭格）ラールは開幕戦だけ出場したが、内臓疾患を訴えたために帰国。注目の初来日だったモーガンも、11月22日に足首を負傷して帰国するなどアクシデントが続出したため、ガイジン軍団が少ない「マッチメーカー泣かせ」のシリーズとなった。

第6戦（11月3日の岐阜市民センター）と第7戦（11月8日の静岡・沼津市民体育館）の間に「4日間の長いオフ」があったため、シン以下のガイジン軍団は東京に戻って新宿の京王プラザホテルに投宿。当然、猪木ら日本陣営も東京に戻っていたが、11月5日に美津子夫人、猪木啓介氏（実弟）

伊勢丹前襲撃事件で負った額の傷跡が生々しい（11・16札幌）

と共に新宿・伊勢丹にショッピングに出ていた猪木は、買い物を終えて1階出口から路上に出たところをシン、ホワイト、ルージョーの3人に襲われて負傷（3針の顔面裂傷）するという事件が勃発した（俗に言う「新宿伊勢丹前乱闘事件」）。これが話題作りのためであったか、否かという議論は50年が経過した今でも決着がついていない。「舌出し失神事件」と並び、猪木が「墓場まで真相を持っていった2大事件」の一つがこれだった。本稿で真相を改めて検証、などという興ざめで低レベルな試みをするつもりはない。一点だけ書き残しておきたいことは、この事件によって、11月16日に札幌中島スポーツセンターで行われた猪木とシンのシングルマッチ（テレビ生中継）は異常な盛り上がりを見せ、新日本創設以来、初の札止

伊勢丹前襲撃事件後初となるシンとの遺恨一騎打ちは、「血の抗争」という言葉そのものの大流血戦に（11・16札幌）

11・16札幌の一戦は、猪木 vs シンの抗争史上に残る死闘となった(猪木が反則勝ち)

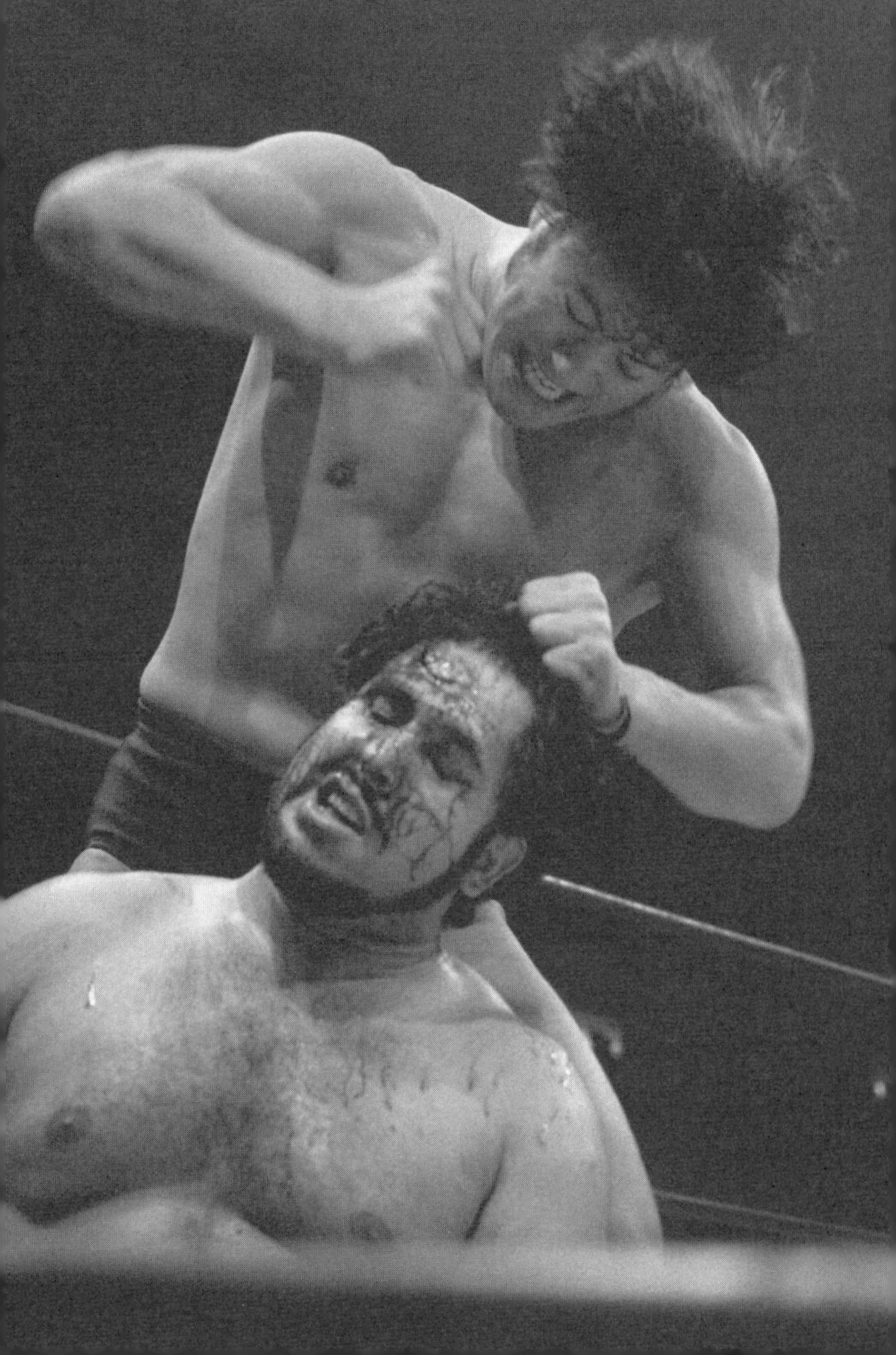

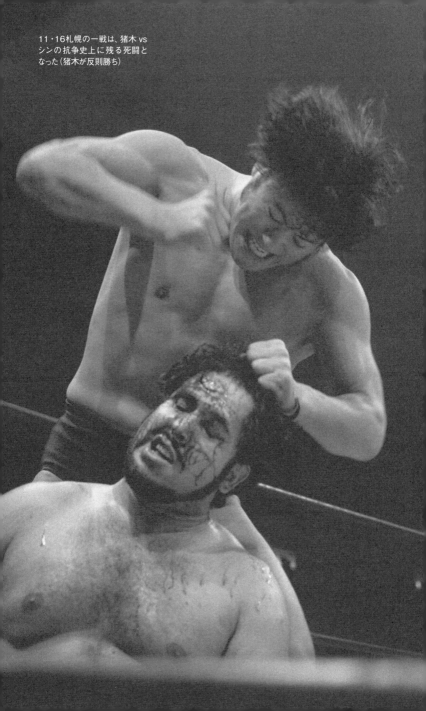

め興行&テレビ（NET）視聴率18％以上を実現したことである（発表は9000人＝館外に入りきれない客が500人以上）。

猪木の長いプロレスラー人生の中で、「流した血の量」がこれより多かった試合はない。まさに「ドクドク」という感じで額から真っ赤な血が噴き出していたので、私はテレビを見ながら、「ヤバい。またショック死する事件が起こる」と思った。1962年4月27日、フレッド・ブラッシーの「噛みつき」によってグレート東郷の額から血が噴き出したため、日本全国で6人（とも8人とも言われる）の老人が心臓麻痺で急死した「プロレス・ショック死事件」の再現は必至と思われたが、幸い、この試合でショック死者が出たという話は聞かなかった。16分21秒に猪木が反則勝ちを拾ったが、「長い猪木とシンの抗争ヒストリーの中で、ベストワンを挙げろ」と言われたら、私はこの札幌だと答える（僅差の2位は1975年6月26日の蔵前国技館。猪木が2対1でシンを破ってNWFを奪還した一戦）。すべては「伊勢丹事件」という伏線があったからこその盛り上がりであり、猪木・シン戦が、全日本の売り物カードだった「馬場対ブッチャー」を（内容的にも、興行的にも）初めて「超えた」という観点からも特筆したい。

シリーズ最終戦（11月30日の福山大会）で再びシングル戦が組まれ、これは日本マット史上初の「ランバージャック・デスマッチ」（リングをセコンド陣が取り囲み、選手が落下するとすぐにリングに押し戻して戦闘続行させる試合形式）で行われて、猪木が18分6秒、バックドロップからの体固めで快勝した（テレビ生中継）。札幌の一戦に比べるとインパクトが弱く、これはお世辞にも好試合とは言い難かったが、NWF世界王座への挑戦を目前に控え、ひとまず猪木はシンとの流血抗争にケリをつけた。猪木は「シンはウチのリングから永久追放だ！」と高らかに宣言したが、わずか半年後にＮＷＦ世界王座の挑戦者として舞い戻ってくる。

ワールドタイトル挑戦シリーズ

猪木を上昇気流に押し上げたキーパーソン、パワーズとパターソン

年間ラストシリーズは、福山でのシン戦から2日後、12月2日（福岡九電記念体育館）から13日（静岡県駿府会館）までの期間に11興行が開催され（かなりの強硬日程）、ジョニー・パワーズ、パット・パターソンの2強が来日。前シリーズからビル・ホワイト、レイ・グレーン、テリー・ルージの3人が残留し、合計5人のガイジン軍団でハードスケジュールを乗り切った。注目はＮＷＦ世界ヘビー級王者のパワーズで、猪木を挑戦者に迎えての防衛戦（12月10日、東京体育館）は、まさに新日本プロレスの行く末を占う大一番となった。

12月6日昼、青山の事務所でアマレス全日本王者、ミュンヘン五輪代表の吉田光雄（22歳、のちの長州力）の入団発表が行われ、猪木が直々に立ち合った。「体格を一目みて、プロ向きだと思っていた。ウチの将来を背負って立つ逸材だと思う。来年の3月に大学を卒業する予定なので、そのあとすぐにウチに入門する。卒業試験に落ちないように」と詰めかけたマスコミに笑いを誘った。吉田は翌7日に猪木、坂口に同行し、その夜の大阪府立体育館でリングに登場。ＮＥＴの三浦アナにマイクを向けられ、「一生懸命頑張ります。よろしくお願いします」とシンプルに、力強く挨拶

12月6日、専修大学レスリング部所属、ミュンヘン五輪代表の吉田光雄（長州力）の入団を発表

した（7日のテレビ生中継で放送）。

大阪のメインはパワーズ、パターソンの保持していたノースアメリカン・タッグ（北米タッグ）王座に猪木、坂口が挑戦するタイトルマッチで、これは新日本のリングで行われた初のタッグ選手権試合となった。同じカードで8月24日、ロサンゼルスで一度対戦が行われており（1対1から日本組が反則勝ち。王座移動はなし）、大阪は猪木、坂口にとって二度目の挑戦。パワーズとパターソンは「ロス以前」にタッグを組んだことは一度もなく、いわば「北米タッグ」は完全な「お手盛り王座」ではあったが、猪木がアメリカ武者修行時代（1964年〜66年）に親友になった大物、パット・パターソン（当時はサンフランシスコ地区のトップ・レスラー）がここから新日本の常連になった意義は非常に大きく、のちにWWWFと新日本が全面的な提携関係を

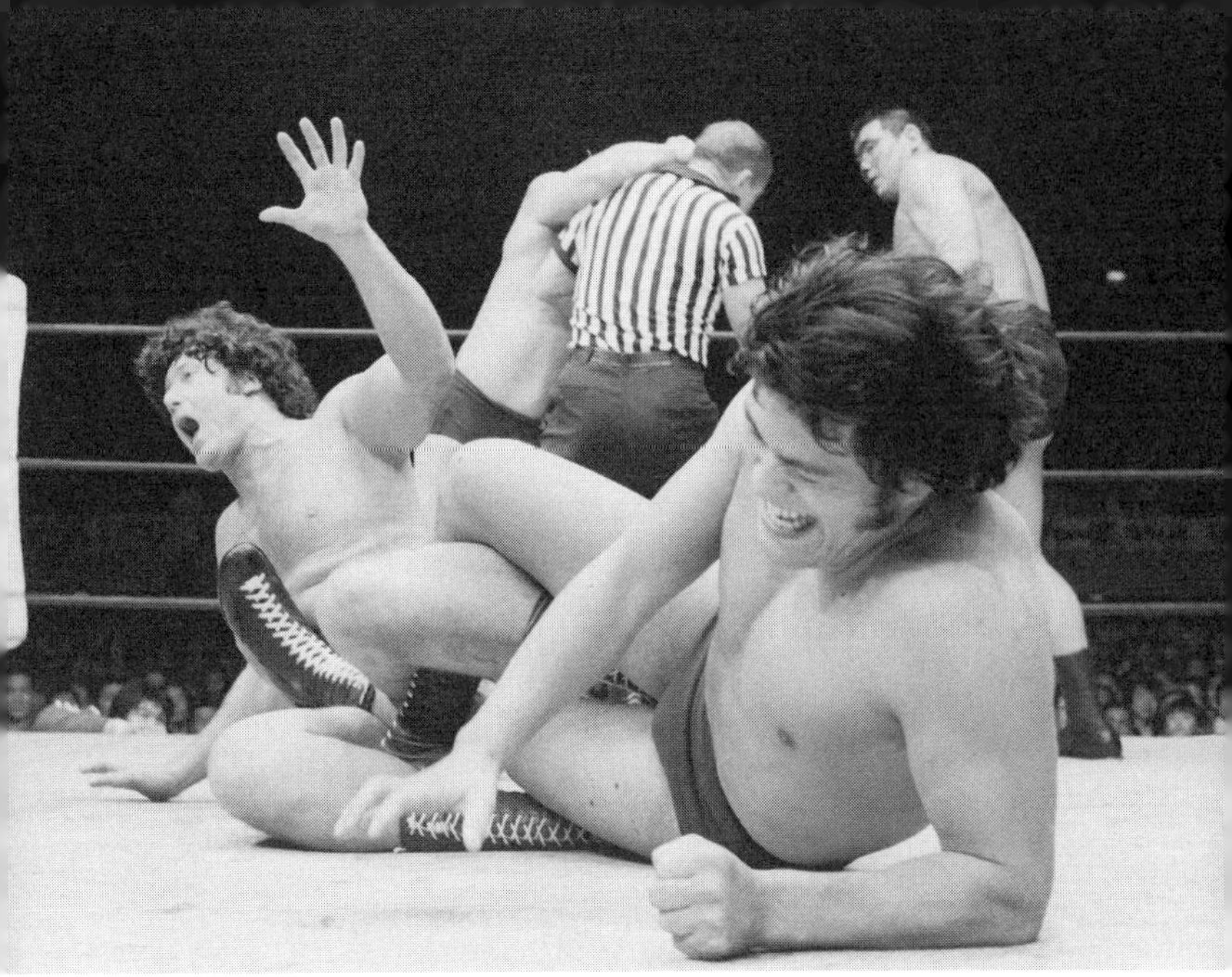

12・7大阪府立で猪木&坂口が北米タッグ王者・パワーズ&パターソンに挑戦。2対1で勝つも、3本目が反則勝ちのため、ルールにより王座移動はなし（写真は猪木を苦しめたパワーズの8の字固め）

結ぶ上でも、極めて重要な役割を果たすキーパーソンとなる。

1本目はパワーズが必殺の8の字固め（本人はパワーロックと呼称）で猪木をギブアップさせ先制（15分58秒）。2本目は坂口が3分10秒、アトミック・ドロップでパターソンを押さえてタイとしたが、3本目は坂口を血ダルマにして暴走したパワーズ、パターソンが反則負け（7分28秒）。黄金コンビは2対1で勝ったが、ルールにより王座奪取はならなかった。パワーズの8の字は思ったよりも強力で、10日のNWF世界戦は「パワーズ有利」のムードが一気に高まる。

12月10日のNWF世界戦は大一番ではあったが、会場の東京体育館は観客動員的には意外にも大苦戦。発表は6600人だったが、実際に行った芦屋の友人によると、3000人から多くて3500人くらいだったそうだ。

12・10東京体育館で猪木はパワーズのNWF世界ヘビー級王座に挑戦。1本目はコブラツイストで先制するも、2本目を8の字固めで取り返され、3本目に卍固めで激勝

歴史的な一戦にしては寂しい館内だったが内容的には素晴らしく、1本目は猪木が鮮やかなコブラツイストで先制（20分26秒）。2本目はパワーズが8の字で再び猪木からギブアップを奪いタイスコアとし（5分49秒）、3本目は一進一退の攻防となったが、最後は猪木の卍固めが決まって劇的な幕切れとなった（5分10秒）。猪木が「一つの試合の中で、コブラと卍で2本取った」という試合はこれしかなく、しかも2本目もパワーズの8の字でギブアップしているから「3本勝負で行われ、3本とも全てギブアップ決着となった、日本マット史上唯一のタイトルマッチ」という点でも記憶、記録に残る。パワーズの「やられっぷり」も強烈で、特に1本目にコブラツイストで絞めつけられて苦悶する表情が印象深い。

こうしてアントニオ猪木は遂に団体の看板

猪木はパワーズを2対1で破りNWF世界ヘビー級王者に輝いた。坂口、美津子夫人も歓喜。以後、NWF王座は猪木・新日本の看板タイトルとなった（12・10東京体育館）

タイトルを獲得し、既にＰＷＦヘビー級王者として先行していたジャイアント馬場（全日本プロレス）への追撃態勢を整えた。

東京スポーツ新聞社は12月25日付けの紙面で、１９６０年４月の発刊以来初めて、「本社制定・プロレス年間賞」を紙面で発表し、アントニオ猪木を「最優秀選手賞」に選出した。それまで馬場と猪木をバランス良く扱ってきた同紙にしては過激な新アワード制定であり、記事の見出しが「遂に馬場を抜いた猪木」となっていたから、驚いたなどというレベルではない。ちなみにジャンボ鶴田が「新人賞」、マイティ井上が「技能賞」、猪木、坂口が「殊勲賞」、吉村道明が「功労賞」で、馬場の名前はどこにもなかった。翌１９７４年からは正式に「第１回プロレス大賞」として（他のプロレスマスコミを巻き込んだ）大規模なアワードに発展させ、１月４日に都内の一流ホテル（最初の数年は銀座のキャピタル・ホテル）で大々的な授賞式を行う恒例行事となったが、その「予告編」とも言うべき１９７３年のＭＶＰに猪木が選ばれた意味は大きく、１年前に同社の井上博社長が「これからは、猪木が日本のプロレス界を牽引する」と予言したことが、まさに現実のものになっていた。

（上）12月15日、東京大田区・池上本門寺の力道山墓前にNWF王座奪取を報告　（下右）12月20日、世田谷区上野毛の合宿所で恒例の餅つきが行われ、黄金コンビも見事な連係を披露　（下左）若手のリトル浜田（グラン浜田）、小沢正志（キラー・カーン）も餅つきで来年の飛躍を誓う（12月20日）

1974年（昭和49年）

歴史的名勝負を連発し、レスラー人生最高の1年となる

新春黄金シリーズ

NWFタイトルマッチの敷居を自ら高くする

猪木と坂口が再合体して「黄金コンビ」復活となったことから、この年頭シリーズに初めて「新春黄金シリーズ」という名称が使用された。ライバルの全日本プロレスは通常ならば「新春ジャイアント・シリーズ」というシリーズ名を使って1年をスタートしていたが、この1974年は「新日本の勢いを止めろ」とばかり、正月から考えられないほどの超豪華ガイジンを一挙に揃えて勝負に出た。NWA世界ヘビー級王者のジャック・ブリスコ、前王者のハーリー・レイス、元王者のドリー・ファンク・ジュニアを同時に呼び、更にシリーズ前半戦にはテリー・ファンクも招聘したのだから凄い（テリーの参加期間は「新春NWAシリーズ」、そのあとブリスコら3人が出たときは「NWAワールド・チャンピオン・シリーズ」）。NWAのメンバーだった馬場は、前年夏に総会で加盟

2人合わせて600kgの巨漢双子コンビ、マクガイヤー兄弟が来日し、新春シリーズの話題を独占。写真は1月2日、神宮外苑の絵画館前で子どもたちに巨大なウエストを誇示

申請しながら（反対票が多くて）加盟できなかった猪木（新日本）に対して「どうだ、いくらNWF世界王座を獲得したからといって、所詮ローカル・タイトルじゃないか。ウチみたいなNWAの大物を招聘できないだろう」と「メジャーとマイナーの差」を見せつけたい意図があった。こうなると、新日本は正面から対峙しても勝ち目がない。

そこで対抗馬に据えたのが（言葉は悪いが）「究極のゲテモノ」、2人合わせて600キロの双子タッグチーム、マクガイヤー兄弟（兄＝ベニー・マクガイヤー、弟＝ビリー・マクガイヤー）だった。双子兄弟の招聘について、私は後年、山本小鉄氏に話を聞いたことがある。

「（1973年の）秋のシリーズに呼んだジャック・ルージョーが、『今、モントリオールに、こんな兄弟がいるんだが、興味あれば

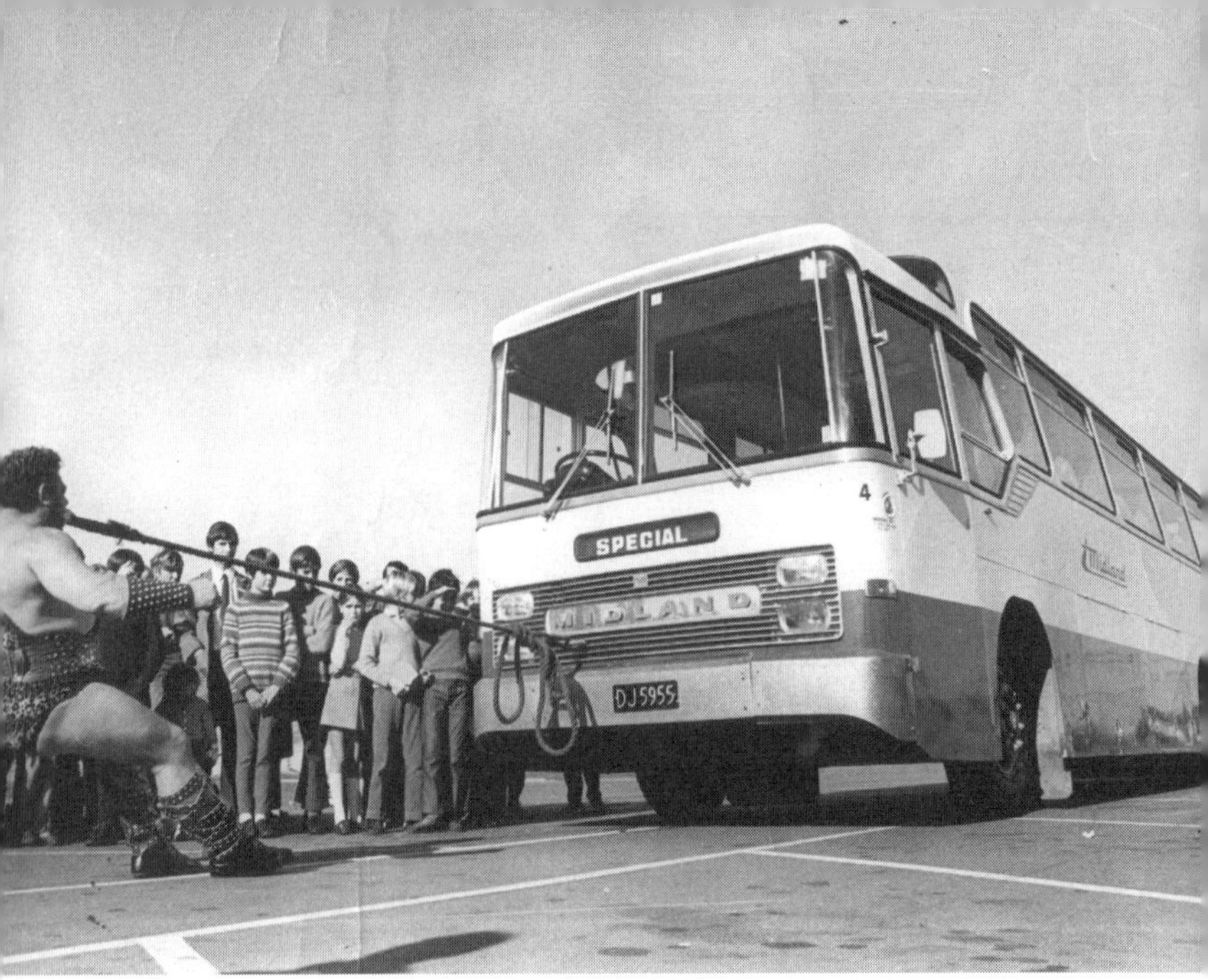

口にくわえたロープでバスを引くカランバ。これは山本がニュージーランドのプロモーターからもらった宣材写真

日本にブッキングするよ』って言って、マクガイヤー兄弟の写真を何枚か置いていったんですよ。ルージョーは、モントリオールでブッカーをやってましたからね。あれは10月の終わりだったかな？　その頃、馬場さんは盛んに『正月にNWA世界チャンピオンになったジャック・ブリスコを呼ぶ』って雑誌や新聞に言っていたんですよ。で、私は新聞（寿）さんに相談して、マクガイヤー兄弟を呼ぼうと提案したんです。全日本のガイジン攻勢に対抗するのは無駄だ、と思ったんですよね。正月は、こっちはゲテモノで勝負だな、と。もう一人、ニュージーランドにいたマイティ・カランバという選手も呼んだでしょ？　あれは、プロモーターだったスチーブ・リッカードが、口にロープを咥えてバスを引っ張っている写真を送ってきてね。昔のグレート・アントニオみたいで面白いから、これも呼んだ

1・4船橋でテクニシャンのロバーツとシングル対決

わけです。もちろん、猪木さんは嫌な顔をしましたが、最後は私が押し切った形でした。マクガイヤー兄弟とカランバ、これで正月は勝負でしたが、まんまと成功しましたね。観客動員的にも、馬場さんの新春シリーズよりも多かったんじゃないかな?」

カランバとマクガイヤー兄弟のギャラは安い。NWAの大物を揃えた全日本の「何十分の一」だったろう。それでも新日本は各地で満員を連発した。それはNETテレビばかりでなく、フジテレビまでも民放のワイドショーでマクガイヤー兄弟を取り上げたからである(同じく産経系列の『夕刊フジ』も取り上げた)。日本中にちょっとした「ブーム」を巻き起こした感さえあった。

猪木は開幕戦の1月4日(千葉・船橋市体育館)、初来日のピート・ロバーツとシングルで対戦し(生中継)、10分46秒にバックド

ロップで快勝した。ロバーツはこのあと15年以上にわたり新日本、全日本の常連として年に何度も日本に招聘されるようになったが、この猪木戦で見せた好印象が、「その後のロバーツ」の評価を決めたと書いて過言ではない。マイティ・カランバと組んでメインに登場したトニー・チャールスも相変わらず鋭いドロップキックで観客席を沸かせたが、マクガイヤー兄弟とカランバが発していた「ゲテモノ的オーラ」を、正統派であるチャールスとロバーツの2人が見事にオフセットしていた。

マクガイヤー人気が各地で爆発していたシリーズ中盤の1月18日、その日に発行された東京スポーツが、「新春黄金シリーズ後半戦に〝黒鷲〟ジョン・トロスが特別参加。猪木のNWF王座に挑戦確実か?」という大きな記事を掲載した。この新聞を水戸駅で買った16歳の私は、非常に複

猪木は1・25大阪府立でマクガイヤー兄弟とタッグ対決するも、わずかなコンタクトにとどまった

雑な気持ちになった。新春シリーズの終盤戦には2月1日の大田区体育館、3日の札幌中島スポーツセンターという「タイトルマッチをやらないと、なかなか満員にならないハコ」が2カ所日程に入っていたので、「営業的には、どちらかの会場でNWFの初防衛戦をやるんだろうなあ」という期待（というか覚悟？）をしていたのだが、「初防衛戦がトロスでは、やや弱い」と感じたからである。

トロスは決して「役不足」と決めつけるような弱いレスラーではないのだが、3年前（1971年）の3月にUN王座を奪取（2対1）したときの相手であり、猪木からすると決着がついているから、改めて挑戦を受けるほどの格ではない。かといってシリーズ最終戦（2月8日、茨城県牛久市東洋大付属高校体育館）までマクガイヤー人気だけに頼り続けるのも「ストロングスタイルを掲

げる新日本としては、情けない」と感じた。マクガイヤーを「ある段階」で倒して、シリーズの焦点をトロスに切り替えるならば、「NWF初防衛戦の相手としてアリ」とも考えた。

果たして、猪木はどう対応したか？　まず1月25日の大阪府立体育館（生中継）のセミファイナルで柴田勝久と組み、マクガイヤー兄弟と初対戦。ここは柴田が2人の攻撃を凌いで6分58秒に反則勝ちを拾い、猪木はミニマムのコンタクトで「俺が本気を出すまでもない」という感じで無難に済ませた。メインでは坂口がジョン・トロスと60分3本勝負で対戦し、血ダルマにされて1対1から両者リングアウト。この生中継で「来週は大田区体育館からの生中継で、猪木とジョン・トロスの対戦」という字幕が出たが、タイトルマッチではなく、ノンタイトル戦であることが明らかになった。私は「猪木は、長いワンシリーズを、タイトルマッチなしで乗り切るのか」と驚いたと共に、「NWF世界王座の権威は守られた」と安心した。馬場は前年3月、初代PWF世界ヘビー級王者として上部組織のNWAから認可されたとき、早速ザ・シークを相手に4月24日（大阪府立体育館）、25日（両国日大講堂）とタイトルマッチ2連戦を敢行していたから、猪木がトロスを見送ったことに、ある種の「潔さ」を感じたのだ。逆の見方をすると、猪木はトロスを見送ったことにより、「NWF王座に挑戦するレスラー」のバー（格、実力基準）を上げてしまったことも事実で、「ヘタなレスラーは挑戦者にしない」と宣言してしまったことになる。カッコいい判断ではあるが、そうなると以降は「いかにも挑戦者にふさわしい相手選び」が大変になる。おそらくこの段階で次期

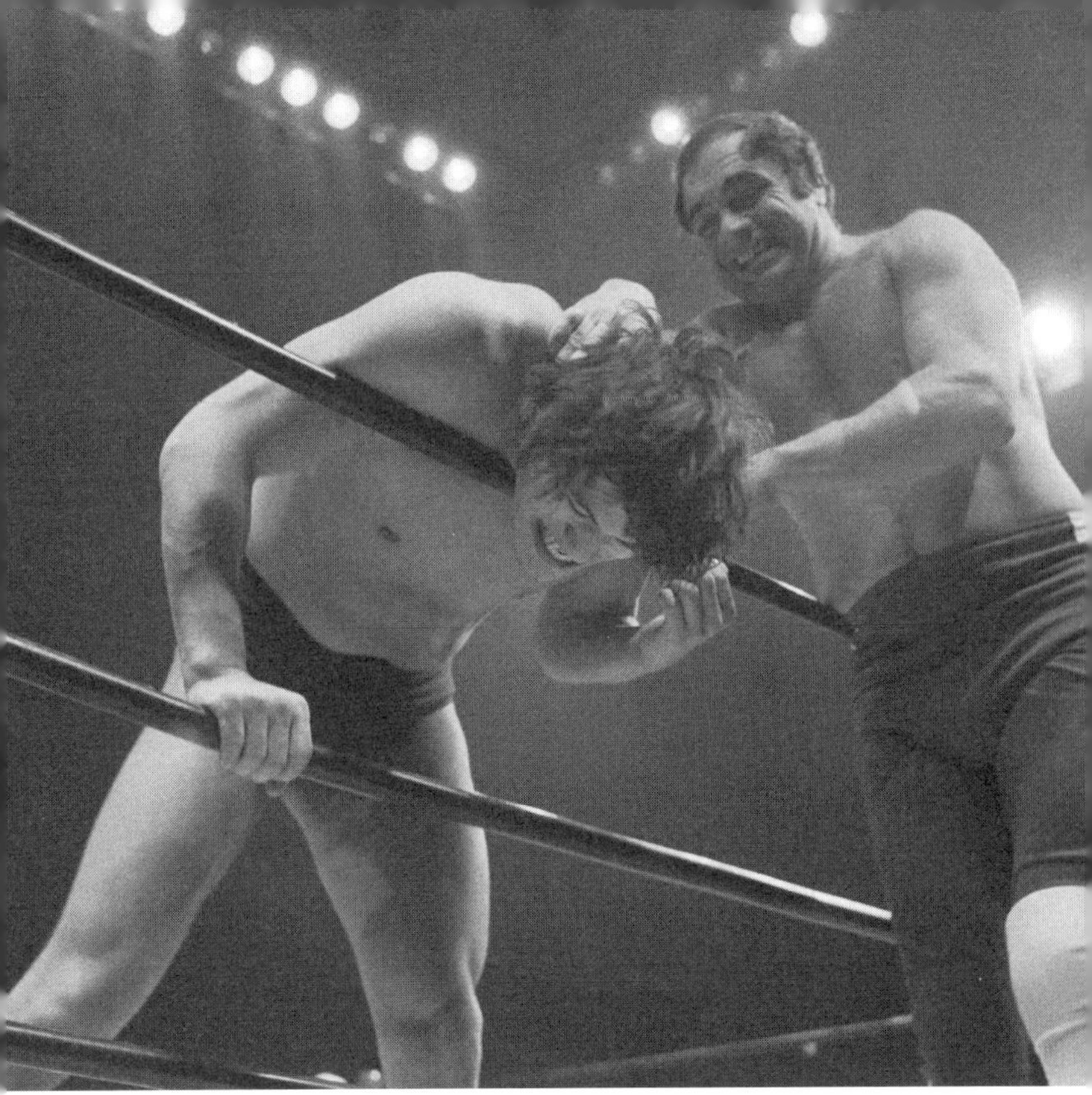

2・1大田区でトロスに敗北。2日後に札幌で雪辱を果たした

シリーズにアンドレ・ザ・ジャイアントの（新日本）初参戦が決定していたから「トロス見送り」には猪木なりの勝算があったのだろうが、ここから「NWF初防衛戦の相手」は俄然、注目を浴びるようになった。

猪木とトロスは2度、ノンタイトルのシングル戦を行い、2月1日の大田区（観衆5500人＝生中継）は2対0のストレートでトロスが勝ち（1本目はニードロップでトロスが猪木を体固め。2本目は猪木が暴走してトロスの反則勝ち）。3日の札幌（観衆9000人＝ノーカットで録画中継）は1本勝負となり、24分46秒に猪木がバックドロップで雪辱したが、「ロスの帝王」トロスが意地を見せた2連戦として忘れられない。シリーズ最終戦の茨城・牛久（生中継）では猪木と坂口が黄金タッグを組み、マクガイヤー兄弟を2対0で完封（1本目は猪木がベニーから、2本目は坂口がビリーからスリーカウント）。かくして「新春黄金シリーズ」は話題を切らさずに最高の盛り上がりを継続し、全日本の「超豪華ガイジン勢ぞろい」と互角以上に渡り合った。猪木としても、これは「生涯、会心のシリーズの一つ」だったのではないかと思う。

なお、このシリーズにはジョン・トロスの実兄で〝カナダのTNT爆弾〟と呼ばれていたクリス・トロスも後半戦に初来日したが、最初の3試合（1月27日～29日）を消化したあとに急病（種痘の腫れと発熱）にかかり、帰国を余儀なくされている。1960年代に全米で名を馳せたトロス兄弟のタッグマッチが日本で見られなかったのは、残念至極であった（クリスの来日はこれ一回だけ）。

ビッグ・ファイト・シリーズ

元国際のエース・ストロング小林の心を動かした「猪木の礼儀正しさ」

2月22日（後楽園ホール）から3月19日（蔵前国技館）までの期間に19興行が開催され、アンドレ・ザ・ジャイアント（それまで国際プロレスに3度、モンスター・ロシモフの名前で来日していたが、アンドレとしてはこれが初）、エリック・ザ・アニマル（バイキング・ハンセン）、ジョニー・ロンドス、レス・ソントン、ジム・グラブマイヤー、ロード・ジョナサン・ボイド、ノーマン・フレデリック・チャールス、フランク・バロア（アンドレのマネージャー、試合には出場せず）の8人が招聘された。開幕戦の後楽園は生中継で、猪木はセミに登場し、150キロのアニマルをブレーンバスターで叩きつける怪力ぶりを見せて好調をアピール。最後は7分54秒に首固めで勝ってNWF世界王者の貫禄を見せつけた。メインのタッグマッチに登場したアンドレが予想通りの怪物ぶりを見せ、坂口、木戸から2フォール奪って観客のド肝を抜いたが、マスコミとファンの注目は「猪木は果たして、国際プロレスのエースだったストロング小林の挑戦を受けるのか？」という点に集中していた。小林は新春シリーズ終了後の2月8日に国際プロレスに辞表を提出し、13日に高田馬場の喫茶店（ルナ）でマスコミを集めて記者会見を行い、「フリーになった。馬場さんと猪木さんに挑戦したい」と爆弾声明を発していた。既に馬場が「町の喧嘩じゃないんだから、挑戦されたからスグ受けるなんて言えない。筋を通してこい」という発言をしていたことから、猪木の対応は興味深かった。

やはりと言うべきか、猪木は後楽園ホールで好戦的なコメントを出し、小林との一騎打ちムードが急速にアップ（25日に事務所で記者会見を開き、正式に挑戦を受諾）。実はこの段階で猪木の腹心であった新間寿氏（営業本部長）が何度も小林の自宅があった青梅《おうめ》に通って説得活動を済ませており、猪木・小林戦の実現（NWF世界ヘビー級選手権試合）は決まっていた。馬場がネガティブなコメントを出したのも、既に（新間・小林間の）交渉を嗅ぎつけていたことから「新日本に出ることが決まっているのに、なんで俺が巻き添えにならなければならないんだ。ふざけるな」という本心がさせたものだった。

元・国際プロレスのエース、ストロング小林の挑戦を受けて立った。写真は3月1日の調印式

3月1日、猪木と小林は京王プラザホテルで調印式（東京スポーツの井上博社長が立会人として両者の間に着席）を行ったが、金曜日だったことで夜の「ワールドプロレスリング」冒頭にその模様がディレイ中継された。小林は「今、親戚の家がある長野県・篠ノ井の山に籠ってトレーニングをやっている。3月19日はベストコンディションで臨む」とコメント。これに対して猪木は「そもそも、私に挑戦するなんて10年早い」と強烈な「上から目線」で対抗し、両者が握手を求めるシーンでは、小林のアゴに強烈なパンチをかまして機先を制した。このやりとりをテレビで見た私は「こんな行為に出たら、ファンは小林に感情移入するに決まってるじゃないか。先輩気取りはいいけど、猪木が悪役になってしまうよな」と首を傾げたが、今思えば、全てコトは猪木の作戦通りに進んでおり、小林は

3月、打倒猪木を期す小林は長野で特訓

完全に猪木の罠にはまっていた。猪木はこの憎らしいコメントとパンチ攻撃により、小林に「ハンディ」、つまり「お前は観客を味方につけていいよ」的なメリットを与えていたに過ぎなかったのだ。このあたりが百戦錬磨、勝負師・猪木の本当に「恐ろしい側面」である。

「恐ろしい側面」と書いたが、猪木と馬場は2月中、何度か青梅の小林宅に電話を入れたという。これについて小林は、2006年頃に私にこんな話を思い出してくれたことがあった。

「猪木さんからも馬場さんからも、何度か直接、自宅に電話をもらいましたよ。ウチの場合はまず、ボクの母が必ず電話に出るんだけど、猪木さんは母に対して『新日本プロレスの猪木と申しますが、小林さん、いらっしゃいますか?』と敬語で聞いたらしい。馬場さ

んは『馬場ですが、小林君、いますか?』みたいな言い方で、母は『馬場さんって、ちょっと失礼じゃない?』ってボクに言ったのを覚えています」

小林は繊細な神経の持ち主で、しかも非常にお母さんを大事にしていたので、先述の「お母さんの持った第一印象」というのは、「馬場と猪木の選別をする」局面で、極めて重要なポイントだったと思う。猪木は小林に限らず、初対面の人、社外の人に対しては必ず敬語を使った。決して馬場がそうでなかったというわけではないが、猪木はそのへんが「ごく普通の、一般的なビジネスマンとなんら変わらない礼儀基準の人だった」という印象があり、小林のお母さんが感じたツボも、まさにそこだったと思う。私は、「猪木の最も恐ろしい側面」を、この「誰をも魅了してしまう〝人たらし〟」にも見る。

3月19日の蔵前国技館はスーパー超満員。発表の1万6500人はいくらなんでもオーバーだったと思うが、そのあとに同じ蔵前で行われた大木金太郎戦(10月10日)、ストロング小林との再戦(12月12日)にも行った友人は、「入れないお客が何百人もいたのは、最初の小林戦のときだけ。あのときは前売り券を持参して入り口に行ったのに、『あ! 今日、俺は館内に入れないかもしれない』という恐怖感を抱いた。10月の大木と12月の小林は館内はギッシリと埋まっていたが、切符売り場周辺で人が溢れている状況はなかった。発表は全部1万6500だったけど、実体は3月の小林だけが突出していた」と証言している。

猪木 vs小林の歴史的日本人対決を見るために、蔵前に大観衆が詰めかけた（3月19日）

試合は29分30秒、猪木がジャーマン・スープレックスを決めて小林をフォールし、NWF世界王座初防衛に成功。今でもこの試合を「猪木生涯ナンバーワン、ベストバウト」に挙げる猪木マニアは多い。私は翌朝のスポーツ新聞を見ながら改めて「ジョン・トロスが初防衛戦の相手で、小林が2度目の防衛戦相手だったら、ここまで騒がれていなかっただろうな」と思った。当初チャレンジャーになる予定だったアンドレはセミファイナルの60分1本勝負で坂口と対戦し、試合内容は押していたが、16分45秒で両者リングアウトの引き分けに終わった。アンドレは3月15日の岡山武道館で既に猪木とシングルで対戦しており（テレビ生中継）、

猪木 vs小林は、力道山 vs木村政彦戦以来約20年ぶりの大物日本人対決となった。死闘の末、猪木がジャーマン・スープレックス・ホールドで勝利（3・19蔵前）

マネージャーのフランク・バロアが（エプロンから）猪木の足をすくった瞬間にアンドレが上から覆い被さって、20分19秒にフォール勝ちを奪っていた。完全決着にはほど遠いフィニッシュだったので、次回来日での再戦に期待が高まった。

猪木は小林戦の翌日、3月20日夕刻に坂口、美津子夫人と共に羽田空港を出発し、オハイオ州クリーブランド（バファローと並ぶNWFの本拠地）に向かった。現地時間21日（日本時間22日）に〝毒グモ〟アーニー・ラッドの挑戦を受けて早くもNWF2度目の防衛戦を消化したが（ラッド1本先取のあと両者カウントアウト、そのあと猪木が抗議して1本を取り返し、結局グダグダのドロー防衛）、長い猪木のレスラー人生の中で、これほどの「海を越えての殺人スケジュール」は他になかったように思う。ここから1981年3月16日、IWGP構想を掲げてNWFのベルト返上を表明するまでの7年間が「猪木のNWF王者時代」だったわけだが、年齢的に31歳から38歳、まさにプロレスラー・猪木の全盛時代はNWFベルトと共にあった感を強くする。

第1回ワールドリーグ戦

坂口、M・斎藤、星野らと日本人対決ラッシュ

4月5日（後楽園ホール）から5月8日（東京体育館）までの期間に27興行、キラー・カール・クラップ、スタン・スタージャック、ジ・インベーダー（正体はビル・ドロモ）、ジート・モンゴル、ボロ・モンゴル（ビル・イーディ）、コシロ・バジリ、アルゼンチン・ズマ、ウォルター・ジョン

〝青銅の爪〞クラップが新日本に初参戦し、第1回ワールドリーグ戦に出場

ソンの8人を招聘して、新日本旗揚げ以来3年目にして「春の本場所」、シングルのリーグ戦が実現した。日本プロレスのドル箱シリーズだった「ワールドリーグ戦」の名称をそのまま踏襲したことには批判もあったが、日本プロレスが商標登録していたわけでもなく、これは「使ったもの勝ち」だった。日本側は猪木、坂口、マサ斎藤（新日本には初参戦）、星野（日本プロレス時代の1973年1月からメキシコ遠征をおこなっていたが、同団体崩壊後の1974年1月、新日本に入団）、山本、柴田、永源、木戸の8選手がリーグ戦に参加して、まず日本陣営8選手とガイジン8選手が予選総当たりで対戦。それぞれの上位4選手が決勝リーグに進出し、総当たりで対戦というルールを採用したため、「猪木対坂口」、「猪木対斎藤」、「猪木対星野」、「坂口対斎藤」、「坂口対星野」、「斎藤対星野」と

ワールドリーグ公式戦でスタージャックを一蹴（4・25高松）

いう日本人同士の豪華カードが次々に実現して大いに盛り上がったシリーズとなった。シリーズ開幕前は、この4カ月前（1973年12月1日）にペドロ・モラレスを破ってWWFヘビー級王者となった〝狼男〟スタン・スタージャック（9日後の12月10日にサンマルチノに敗れ9日天下）が注目されていたが期待外れで、決勝リーグには辛うじて進出したものの、2勝4敗1分けの不振で6位に終わっている。ガイジン側で着実にポイントを重ねたのがクラップで、決勝リーグのポイントが猪木、坂口と同点（11点）になったため、5月8日の東京体育館では猪木、坂口と三つ巴戦が行われた。

予選リーグ（4月26日、広島県立体育館＝生中継）では30分時間切れで引き分けていた猪木と坂口の再戦とあって再び熱戦となり、スタートから館内を埋めた8100人の観衆を沸かせたが、なんと、既に坂口に敗れていたクラップが乱入。坂口の額を割って大流血させ、折角の好勝負を台無しにした（16分52秒、猪木がドクター・ストップで勝利）。結局、

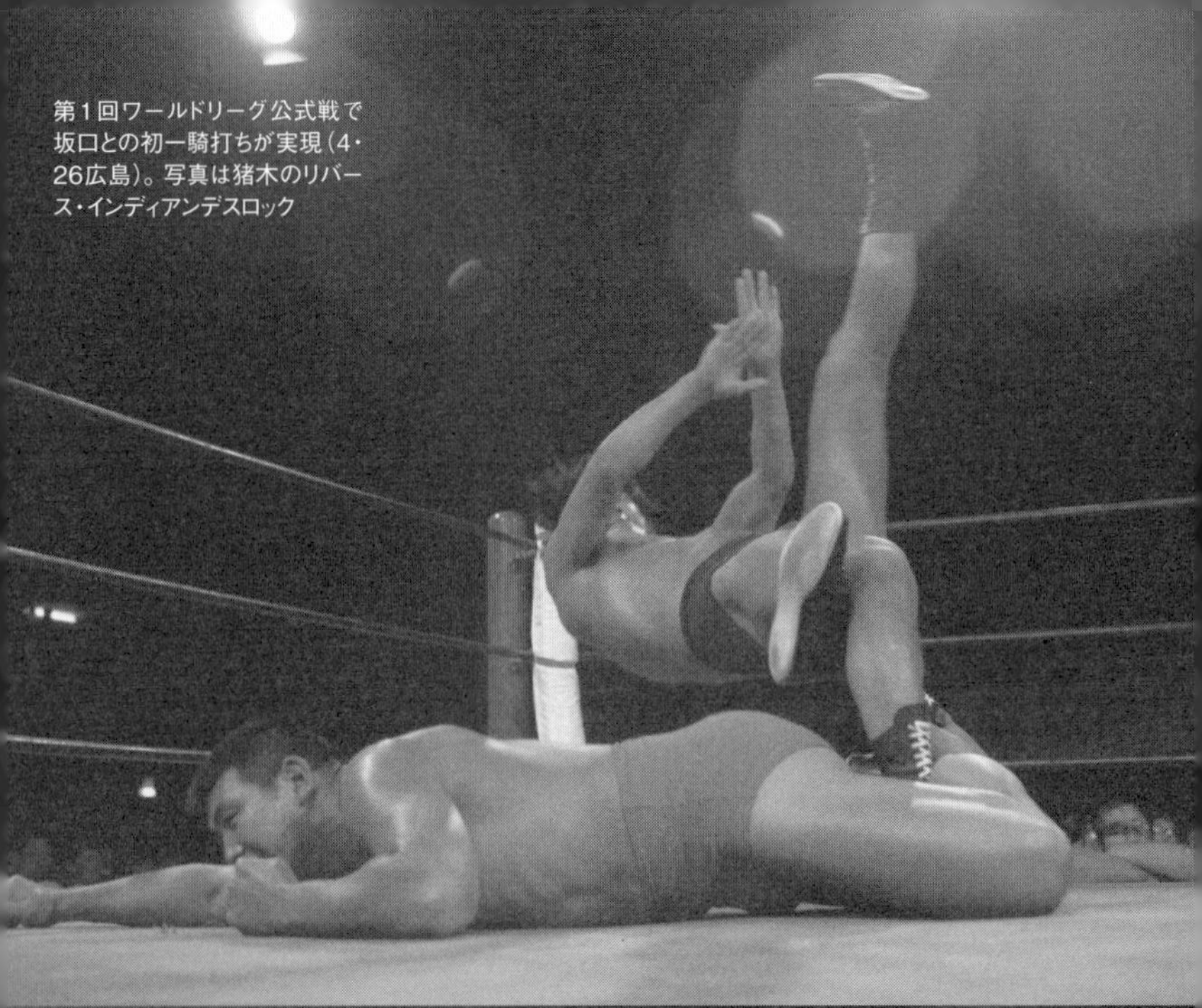

第1回ワールドリーグ公式戦で坂口との初一騎打ちが実現（4・26広島）。写真は猪木のリバース・インディアンデスロック

坂口のパワフルなキャメルクラッチに苦戦（4・26広島）

坂口の巨体をバックドロップで叩きつける。試合は熱闘の末、30分時間切れ引き分けに（4・26広島）

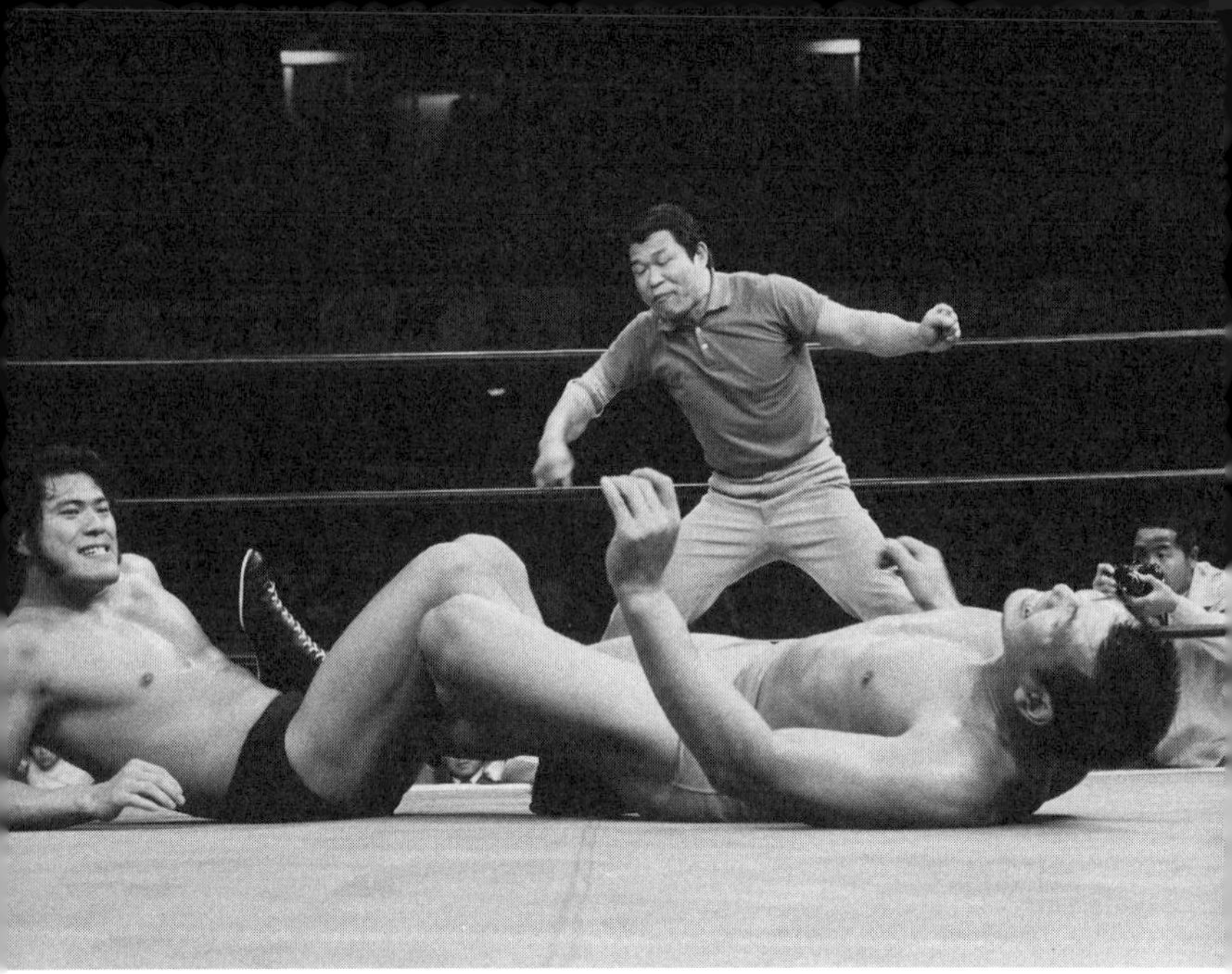

5・8東京体育館のワールドリーグ決勝戦第2試合でも坂口と激突したが、クラップの乱入により猪木が不本意なドクター・ストップ勝ち

このあと猪木がクラップを弓矢固めに仕留めて（7分16秒）優勝したが、猪木・小林戦の再現を期待したファンを大いに落胆させたことは事実だった。猪木が大一番のフィニッシュとして弓矢固めを使ったのはこれが初めてだったが、やはり卍固めに比較すると「出た！」という切り札テイスト（サプライズ感）には欠けたように思う。

余談になるが、このシリーズは8人のガイジンが参加したことで、後半には若手のホープだった藤波辰巳（当時20歳）がバジリ、インベーダー、ズマらの「決勝リーグにいけなかったガイジン」と対戦するカードが多く組まれた。期待に応えた藤波は、5月5日の福岡スポーツセンターでウォルター・ジョンソンから「ガイジン戦初勝利（7分58秒、エビ固め）」を飾って他の若手勢（藤原喜明、リトル浜田〈グラン浜田〉、木村、小沢、大城、

（右）猪木は弓矢固めでクラップを下し、第1回ワールドリーグ戦優勝（5・8東京体育館）（左）ワールドリーグで優勝を果たし大トロフィーを掲げる（5・8東京体育館）

荒川真、栗栖正伸）から一歩リードし、中堅勢（木戸、永源、柴田、山本、星野）に食い込む存在を目指して着実に実力を蓄えていった。3月に吉田光雄（長州）が専修大学を卒業し、4月から新日本に入団したことで刺激を受けたに違いない。

ゴールデン・ファイト・シリーズ

北米タッグ戦で暴走、シン戦で腕折りの狂乱ぶりを発揮

5月24日（足立区体育館）から6月26日（大阪府立体育館）までの期間に27興行が開催され、タイガー・ジェット・シン（終盤戦11興行のみ特別参加）、クルト・フォン・ヘス、カール・フォン・ショッツ、イワン・ポトスキー（リック・フェララ）、マンモス・シキ、ガブリエル・カルデロン、ラスプーチン、スーパー・

ホークの8選手が招聘された。ヘスとショッツは「ノースアメリカン・タッグ王者」として参加したが、つい半年前（12月7日）にパワーズとパターソンが大阪で猪木、坂口組を相手に防衛を果したばかりなのに「そのあとどうやって王座が変遷したのか」の説明が苦しかった。東京スポーツが「猪木に敗れてNWF世界王座を失ったパワーズが、シングル王座奪回に専念すべく北米タッグは王座返上。ヘスとショッツがクリーブランドで決定戦に勝って、新王者チームになった」と書いたが、そのような事実はない。突っ込みどころ満載の「雑な設定」で初来日となったが、ヘスとショッツは開幕戦（生中継）から圧倒的な実力を見せつけ、猪木、星野組をストレートで破って（私のような）「うるさいマニア連」を黙らせた。1本目はショッツが16分52秒、星野を鮮やかなブレーンバスターで投げて体固め。2本目は星野を場外パイルドライバーでKOしたショッツがリングに戻り、ヘスとツープラトンのブレーンバスターを決めて猪木からスリーカウントを奪った（3分59秒）。

まさに完勝で、テレビを見ていた私も「パワーズとパターソンのコンビより強いな」と納得するしかなかった。ベテランのヘスが若いショッツ（当時26歳）を巧くリードして間断なく攻撃を仕掛けており、タッグチームとしての完成度は高かった。2週間後の6月7日、札幌中島スポーツセンターで猪木、坂口組が北米タッグに挑戦したが（テレビ生中継）、これも最初からヘス組がペースを掴んだ。1本目は坂口がヘスからペンデュラム・バックブリーカーの態勢でギブアップを奪い先制（18分45秒）したが、2本目は坂口がクロスライン（ヘスとショッツが坂口をロープに振り、手を繋いで坂口の喉元に叩きつける合体技。これが日本初公開）を食ってショッツにタイのフォールを奪われた（14分47秒）。アメリカでは「クローズ・ライン（物干し）」と呼ばれていた戦法だったが、日本ではなぜか「クロスライン」の呼称で定着。この一撃でやや戦意を喪失した坂口は3本目にようやく猪木に繋いだが、猪木も場外乱闘でヘスに額を割られて大流血。最後はショッツにコブラツイストを決めたところをヘスにカットされ、逆上した猪木がレフェリーに暴行して反則負けとなった（6分19秒）。テレビ中継がスタートする8時過ぎに試合（選手コール）が始まったので放送時間には余裕があると思われたが、最後に猪木が反則負けを取られる直前で放送時間切れとなったので、結果は翌朝のスポーツ新聞を買うまで待たねばならなかった。「黄金コンビが反則負け」という結果には失望したが、試合全体は間違いなくヘス、ショッツ組が優勢をキープ。黄金コンビは北米タッグ王座獲得に「三度失敗」のミソをつける。

北米タッグ王座をひっさげて"ナチの戦犯コンビ"ヘス（右）&ショッツ（左）が新日本初参戦

ヘスとショッツだけでも厄介な相手なのに、そこにシンが加わったのだからシリーズ後半戦の荒れ方はすごかった。NWF世界ヘビー級選手権の初戦は6月20日、蔵前国技館で行われ、猪木が2対0で防衛（観衆8800人）。1本目は猪木が卍固めを決めて20分51秒に先制したが、2本目はシンが猪木の左目めがけて火を投げつけたために痛い反則勝ち（1分21秒）。目を押さえて悶絶する猪木は、シンの容赦ないサーベル攻撃で流血させられ半失神。最後は山本小鉄に「オンブ」されて控室に引き揚げるありさまで、NWF王座も風前の灯を思わせた。26日の再戦（大阪府立体育館）は新日本としては初の「大阪府立札止め（発表は8900人）」を達成。1本目から猪木が流血する、あたかもデスマッチのような展開となって「世界タイトルマッチ」のムードは全

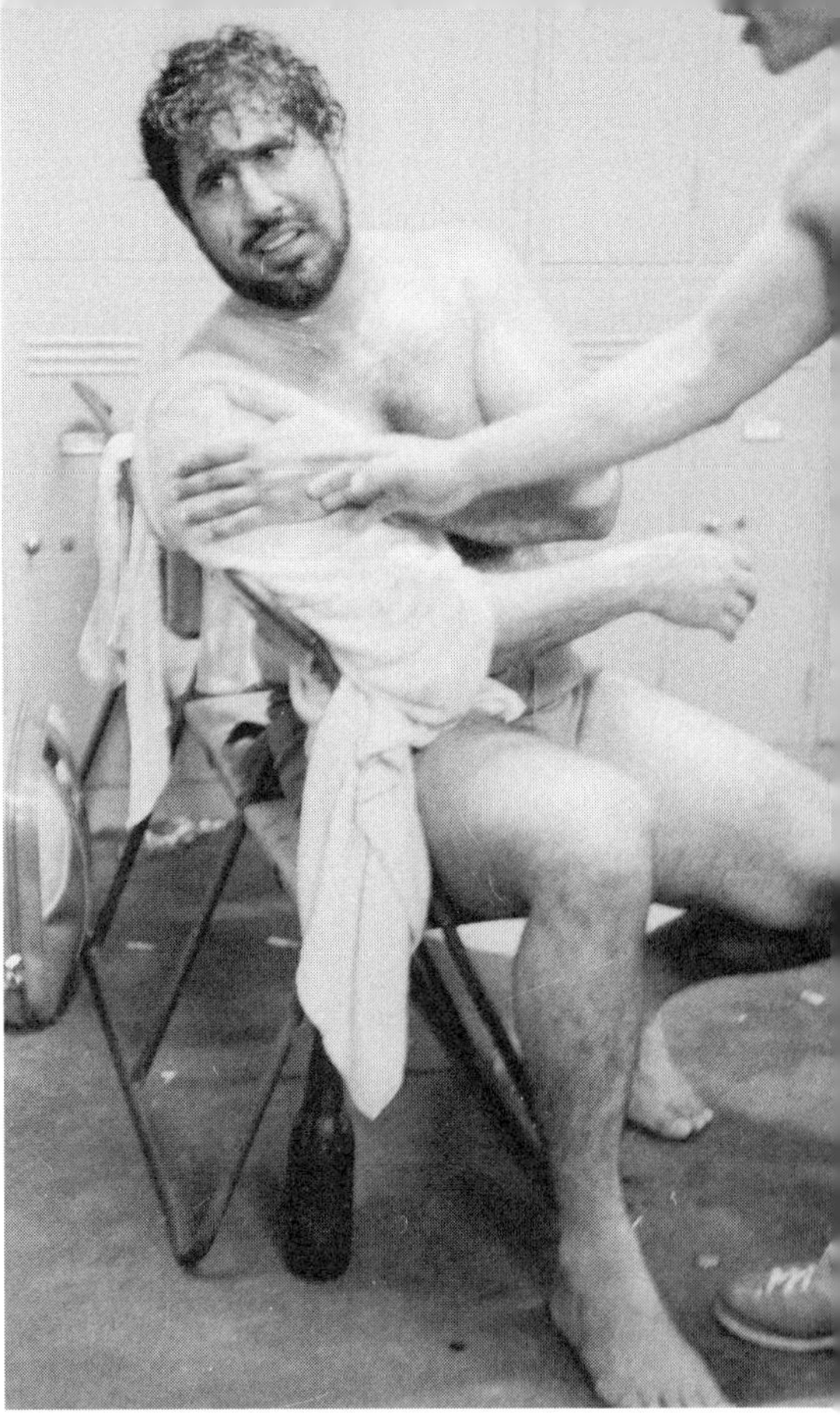

（右）シンに火炎攻撃を浴びた猪木は6・26大阪府立で復讐。「腕折り」攻撃を敢行した　（左）右腕を破壊されたシン（6・26大阪府立）

くなくなった。
11分25秒、両者リングアウトとなったあとの決勝の3本目、怒った猪木はシンの右腕をコーナーポストとターンバックルの上に乗せ、そこに思いきりチョップを叩きつけた。これでさすがのシンも戦意を喪失しダウン。それまでの無念を一気に晴らさんと追い打ちをかけた猪木は、シンの右腕にストンピングを連発したあと、肩の上に振り下ろすアームブリーカーで勝負を決めた（シンの右腕骨折と判断したレフェリーが試合をストップ＝9分46秒）。控室から私服に着替えたヘスとショッツが駆けつけ、場外にダウンしたシンを護衛したため猪木の「追撃リンチ」は起こらなかったが、あのまま猪木の攻撃が続いていたらシンの腕は「ブラブラ」の状態まで破壊されていたかもしれない。のちに「大阪腕折り事件」と呼ばれる凄惨なタイトルマッチはこれで決着を見たが、6月28日にノーカット録画中継されたこの試合によってシンの悪名は一段と高まり、猪木との遺恨試合はまだまだ続いていく。

サマー・ファイト・シリーズ

不完全燃焼に終わったゴッチとの最後の二番勝負

7月4日（群馬・藤岡市民体育館）から8月8日（両国日大講堂）までの期間に24興行が開催され、ジョニー・パワーズ（7月11日から30日）、カール・ゴッチ（8月1日から8日）、ハートフォード・ラブ、レジナルド・ラブ、ジャッキー・カーペンティア、ジョニー・キンケイド、トム・ジョーンズ、エル・グレコ、ジョニー・イーグル、ルー・テーズ（8月1日から8日＝特別レフェリー）の10人が招聘された。シリーズの焦点は7月30日（名古屋吹上ホール）のNWF世界戦（猪木対ジョニー・パワーズ）と8月1日&8日（大阪府立体育館、両国日大講堂）の猪木対カール・ゴッチ二番勝負（「実力世界一決定戦」と銘打たれた）で、猪木にとっては「シングル戦でゴッチからフォール勝ち」という重い課題を背負わされた厳しい夏の陣となった。

猪木はまず、「前門の虎」パワーズの挑戦を2対1（3本目は反則勝ち）で無難にクリヤーした。

実は、地元クリーブランドは観客動員が不振のため興行を停止した状態だったため、プロモーターでもあったパワーズは、時々デトロイトの「ザ・シーク王国」に出稼ぎに行く程度の試合しかしていない。12月に猪木と防衛戦をやったときに比べて大きくスタミナが落ちており、名古屋の試合も

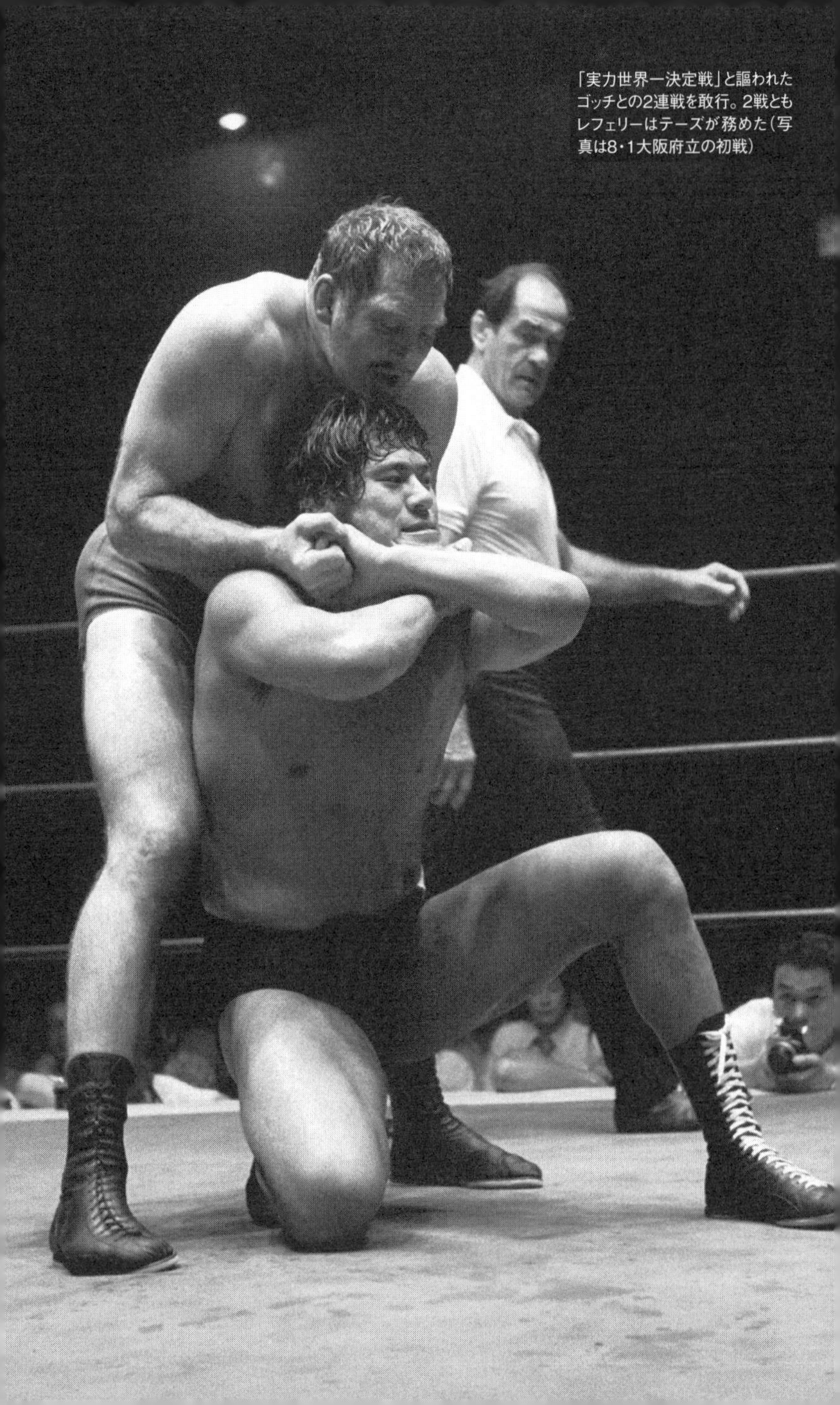

「実力世界一決定戦」と謳われたゴッチとの2連戦を敢行。2戦ともレフェリーはテーズが務めた（写真は8・1大阪府立の初戦）

8・1大阪府立の初戦は、猪木がとっさの後方回転エビ固めでゴッチにフォール勝ち

肩で息をするシーンが目立った。試合時間も短く、1本目は猪木が8分28秒にコブラツイスト、2本目はパワーズが5分45秒に8の字固めでタイとしたが、3本目は疲労困憊のパワーズが意図的に暴走した感じで、4分25秒にアッサリと反則負けを取られている。3本合わせて18分38秒というのは、看板のNWFタイトルマッチとしては物足りない。おそらく猪木も消化不良だと感じただろうが、2日後にゴッチ戦が控えており、ここは「相手のオウンゴール」を有難く享受した感じだったろう。

猪木・ゴッチの初戦（大阪）はテレビ中継がなかったので、翌朝発売の新聞まで結果がわからなかったが、21分9秒に猪木が後方回転エビ固めでゴッチからスリーカウントを奪い先勝した。21分過ぎにゴッチのジャーマン・スープレックスがロープ際で爆発して特別レフェリーのテーズがツーカウントまで叩いたが、猪木の左足がセカンドロープにかかっており、カウントを停止。これを不服としたゴッチがテーズに抗議したため、その隙をついた猪木がゴッチの背後に回ってロープに押し、その反動で後方回転エビを決めたという結末だった。夕刊の東京スポーツにはフィニッシュの回転エビの写真が大きく掲載されていたが、よく見ると猪木の腰はゴッチの臀部に乗っていない（押し潰しの効果がない）。つまり猪木は「パット・オコーナー式」を完成できず（自分の逆デングリ返しがゴッチの両脚を跨げず）、両腕の力だけでゴッチの両脚を押し潰した「シンプルなエビ固め」になってしまったわけだが「（フィニッシュとしては）やや説得力に乏しいフォームだな」と感じた。失礼な書き方だが、「不細工な回転エビ」であり、厳しい目を持った大阪府立の観客の大半は不満であったろうと思われる。

猪木は翌朝一番の新幹線で帰京し、山王病院に直行。美津子夫人の出産に立ち会う。夫人は2日午前10時に長女・寛子《ひろこ》ちゃんを無事出産。猪木は出産を見届けて午後2時45分発の日航機で羽田空港を出発し、ラスベガスのNWA総会に赴く。前年に続いて加盟申請するも無念の却下。5日昼に帰国し、その夜の福岡県山鹿市の興行に合流という前代未聞の超ハードスケジュール。

私は8月8日（日大講堂）の猪木・ゴッチ再戦を、水戸から常磐線（約2時間）に乗って見に行った。夏休み中だったので両国であれば日帰りが可能であり、決着戦とあって絶対に生で見届けよう

8月2日、港区・赤坂の山王病院で美津子夫人の出産に立ち会った。生まれたばかりの長女・寛子ちゃんをお披露目

と思ったからだ。しかし、8日のフィニッシュは大阪よりも悲惨なものだった。レフェリーのテーズが前半から執拗に猪木にブレイクを命じたため、猪木は徐々にテーズに対してフラストレーションを溜めていく。最後は怒った猪木がテーズをボディスラムの態勢に抱えあげたところ、コーナーからゴッチがテーズの背中を「ポーン」と軽くキックしたため、猪木はテーズを抱えたまま自爆。後頭部を強打した猪木をゴッチがエビ固めの態勢で丸め込み、21分59秒にゴッチがフォール勝ちを奪った。スリーカウントが入った瞬間の場内は「シーン」と静かで、「なんだそれは！」とか「カネ返せ」みたいな野次は全く飛んでいない（今思うと不思議である）。10年後の新日本プロレスなら暴動が起きたかもしれないフィニッシュだったが、そこはルー・テーズとカール・ゴッチの「威厳」が観客に有無

を言わせなかった感じだった。49年後の今になって「やっぱりあれは名勝負だった」などと心にもないことは書きたくないが、テーズがスリーカウントを叩いたあとの「場内シーン現象」は、今だから理解できる。

シリーズ後の8月16日、猪木と坂口はロサンゼルスに遠征し、ヘスとショッツが保持する北米タッ

（上・中・下）ゴッチとの二番勝負・第2戦は、逆上した猪木がレフェリーのテーズにボディスラムを仕掛けた瞬間、ゴッチがテーズの背を蹴って猪木を押し潰し、そのままフォール勝ちするというスッキリしない結末に。これがゴッチとの最後の対決となった（8・8日大講堂）

（126～129ページの4枚）8・16ロスで北米タッグ王座を奪取し、帰国後に撮影した特写

魂

グ王座に二度目のチャレンジ。黄金コンビにとって完全な正念場だったが、ここは猪木と坂口が1本ずつ取って2対1で完勝し、1年前のパワーズ、パターソンへの挑戦試合から4度目のトライでようやく新日本の看板となるタッグ・タイトルの奪取に成功している。

闘魂シリーズ

大木戦実現のための最大の障壁とは？

8月30日（後楽園ホール）から10月10日（蔵前国技館）の期間に30興行が開催され、ニコリ・ボルコフ、シーク・オブ・バグダッド（ビリー・ホワイト・ウルフ）、エル・ティニブラス、ドリー・ディクソン、ジ・アベンジャー、フレッド・ブラッシー（ボルコフのマネージャー役が主だが、時折試合にも出場）の6人が招聘された。2月にアンドレが送り込まれて以来ビンス・マクマホン・シニアと新間寿のパイプは強化されており、WWWFから毎シリーズ、定期的に大物が送られてくるようになっていた。このシリーズのエース格であったボルコフもその一人で、春からニューヨークMSG（マディソン・スクエア・ガーデン）に登場してWWWF王者ブルーノ・サンマルチノへ何度も挑戦している写真や記事が（日本の）マスコミ各誌に大きく掲載されていたため、シリーズ開幕前の期待感は高かった。

後楽園ホールの開幕戦では、いきなり猪木、坂口対ボルコフ、バグダッドという豪華なカード（9月10日、愛知県体育館における北米タッグ初防衛戦の前哨戦）が組まれ、ボルコフは片手で猪木を

8・30後楽園で猪木&坂口の前に立ちはだかったボルコフ(右)、バグダッド(左)、マネージャーのブラッシー

ネックハンギングで吊り上げたり、シュミット流バックブリーカーの態勢で一度自分の膝の上に猪木の背骨を叩きつけ、そのまま再度頭の上にリフトアップして、さらに二度目の背骨折りで追い打ちをかけるという荒業を披露。それまで色々な怪力自慢のプロレスラーを見てきたが、100キロを超す猪木をそれこそ「ホウキのように」振り回すボルコフの怪力には脱帽するしかなかった。ただ、ボルコフの場合は試合の組み立てが極めて雑で、猪木のNWF世界王座に挑むには明らかに役不足。そのあたりは新間本部長と猪木の間で綿密な意見交換が行われていたようで、新日本は開幕戦の後楽園ホールで「10月10日、最終戦の蔵前国技館では、猪木のNWF王座にアーニー・ラッドが挑戦する」という記者発表を行っている。もう一人、『猪木戦記　第1巻』の1967年の「第2次サマー・シリー

（右）猪木はボルコフの馬鹿力で子供のように振り回された（8・30後楽園）（左）8・30後楽園にフリーの大木が現れ、猪木に挑戦を表明

ズ」の箇所で「猪木と全く互角の戦績、フォールの奪取数も同じ、シングルも引き分け」と書いたビリー・ホワイト・ウルフがシーク・オブ・バグダッドと改名して7年ぶりに猪木と対戦したのもシリーズの見どころの一つで、ボルコフの雑な部分をカバーして十分に「シリーズ第二のエース」を務めあげている（シングルでは猪木と5戦し、全敗）。

ラッド、ボルコフ、バグダッドと個性豊かなガイジン・トリオで十分な陣容だと思っていたところ、もう一人、「とてつもない大物」の出現がシリーズの流れをガラリと変えた。前年暮れ、全日本プロレスの「ジャイアント・シリーズ第2弾」を最後に韓国に戻っていた大木金太郎が8月30日に後楽園ホールに現れ、猪木への挑戦を表明したのだ。この場に居合わせた大木の親友、菊池孝氏（フリー記者の重鎮）は、「彼は私のことを〝お兄さん〟と呼んでいて、ソウルから渋谷のマンションに戻ってきたときは必ず連絡をくれていたんですが、あのときは初めて連絡がこなかった。後楽園の控室でバッタリ顔が会ったときは驚いたが、それだけ新日本から極秘行動が厳しく指示されていたんでしょうね」と語っていた。私は新間氏からこのときの状況を聞いたことがあるが、大木の挑戦を実現させるには「クリヤーしなければならない難関」があったという。

「大木さんから私に連絡があったのは、春のワールドリーグ戦の期間中でした。もう馬場さんのところでは扱いが悪く、やりたくない、と。自分はインターナショナルのチャンピオンなのに、ジャンボ鶴田より下で試合をするのはプライドが許さなかったんでしょう。猪木さんに相談するよりも、これは坂口さんの許可が得られないと実現できない試合。坂口さんは私に怒りをこめて『私が新日本に合流するとき、大木さんの反対によって、どんな思いをしたか。それを新間さんは誰よりもご存じでしょう？』と言った。もっともな回答です。まずは、大木さんが坂口さんに謝罪することから始めないと、ラチが明かない。私は大木さんと坂口さんを、さも偶然を装って対面させ、大木さんから坂口さんに詫びを入れてもらった。坂口さんは勘がいいから、おそらく、私が仕掛けたワナを読んでいたでしょう。私はそれまでに『新日本が発展するには、絶対に猪木・大木戦は実現させなければならない。坂口さん、なんとか過去の感情は水に流してくださいませんか』と何度もお願いしましたから。それでも、坂口さんが承知してくれるまでには随分、時間がかかりました」。このあたりの細かい根回し、交渉術が、「過激な仕掛け人」と呼ばれた新間氏の最も傑出した側面だったと思う。

大木は9月10日、名古屋・愛知県体育館に再度姿を現し、リング上（メインの猪木、坂口対ボルコフ、バグダッドの北米タッグ選手権の直前）で猪木に挑戦状を手渡した。この2日後の12日、新間は青山の事務所で記者会見を開き、「10月10日、蔵前国技館でNWF王座を賭けて猪木対大木の試合を開催する。当初予定されていたアーニー・ラッドとの選手権試合は延期する」と発表した。3月のストロング小林戦のときは「発表から開催まで2週間」という性急なもので当日券もかなりあったが、この時は4週間というリードタイムがあったため、前売り券は9月中に順調に完売。小林戦のときのような「当日券を求めて蔵前の窓口で大混乱」みたいな状況を回避できたのは、前もって営業部隊がマスコミを通じて「当日券はない」という認識を形成できていたからだ。

私は猪木・大木戦を、過去にビデオ、DVDで少なくとも20回は見た。「何度見ても飽きない試合」というのはそれほど多くないほうだが、この試合はその一つである。猪木のセコンドについている赤いジャージ姿の坂口征二は、大木の頭突きを正面から受け続けて流血する猪木をエプロンで介抱しながら「あんたは、何を考えているんだ！　バカな真似はやめろ！」という表情をする（実際に口にしていたかもしれない）。そこが、この試合の一番面白いポイントである。13分13秒、20発以上の原爆頭突きを耐え抜いた猪木がバックドロップで逆転フォールを奪ったが、私的にはこのバックドロップが「猪木ヒストリー上、ベストのバックドロップ」である。フォームの美しさ、投げる時の猪木の流血、空中で耐える大木の表情、猪木の描く美しい弧、マットに叩きつけてからカバーにいくまでの必死さ…フィニッシュにふさわしい要素が全て含まれている。何度見返しても、そのたびに泣ける試合だ。

小林戦、坂口戦に続く大物対決が10・10蔵前で実現。猪木は日本プロレス時代の兄弟子・大木との宿命の一騎打ちに臨んだ。大木の頭突きに耐え抜き、起死回生のバックドロップで逆転勝ち。最後のバックドロップは猪木史上に残る一発だった

日プロ時代の同門対決を終えた
猪木と大木は、泣きながら抱擁。
凄絶な一戦は感動のフィナーレと
なった（10・10蔵前）

闘魂シリーズ第2弾

ラッド、シーク、アンドレ、小林…大物たちとの超絶連戦に嬉しい悲鳴

10月25日（後楽園ホール）から12月12日（蔵前国技館）までの期間に全39興行が開催され、新日本旗揚げ以来、最高の大物ガイジンを揃えて大いに盛り上がりを見せた（ワンシリーズ39興行という数字もそれまでの最多数字）。特別参加した大物を順に列挙すると、ジョン・トロス（10月25日から29日まで）、アーニー・ラッド（10月30日から11月8日まで）、ザ・シーク（11月9日から14日まで）、アンドレ・ザ・ジャイアント（11月19日から12月12日まで）の4人だが、これに加えて最終戦の蔵前にストロング小林が凱旋帰国し（6月からフロリダ、WWWF地区を転戦）、猪木に再挑戦するNWF世界戦が組まれていたのだから、まさに完璧なシリーズで、同時期にNWA世界へビー級王者のジャック・ブリスコ、同世界ジュニアヘビー級王者のケン・マンテルを呼んで「NWAワールド・チャンピオン・シリーズ」を開催した全日本に、真っ向から対抗した。全興行を通して参加したのはレッド・ピンパネール（素顔で出場）、ポークチョップ・キャッシュ（11月21日に負傷して帰国）、グレート・マレンコ、ロベルト・ソト、ジョージ・マクレリーの5人だったが、カール・ゴッチの親友で同じタンパに住んでいたマレンコがここから新日本に来るようになり（前年は全日本に参加）、このあとゴッチとの関係で長くUWF（旧、新）に関係していったのが興味深い。

開幕戦の後楽園ホールで、いきなり猪木とトロスがメインの60分1本勝負で対戦した（テレビ生中継）。1月の来日では猪木と1勝1敗の戦績を残しているだけに注目のカードだったが、44歳に

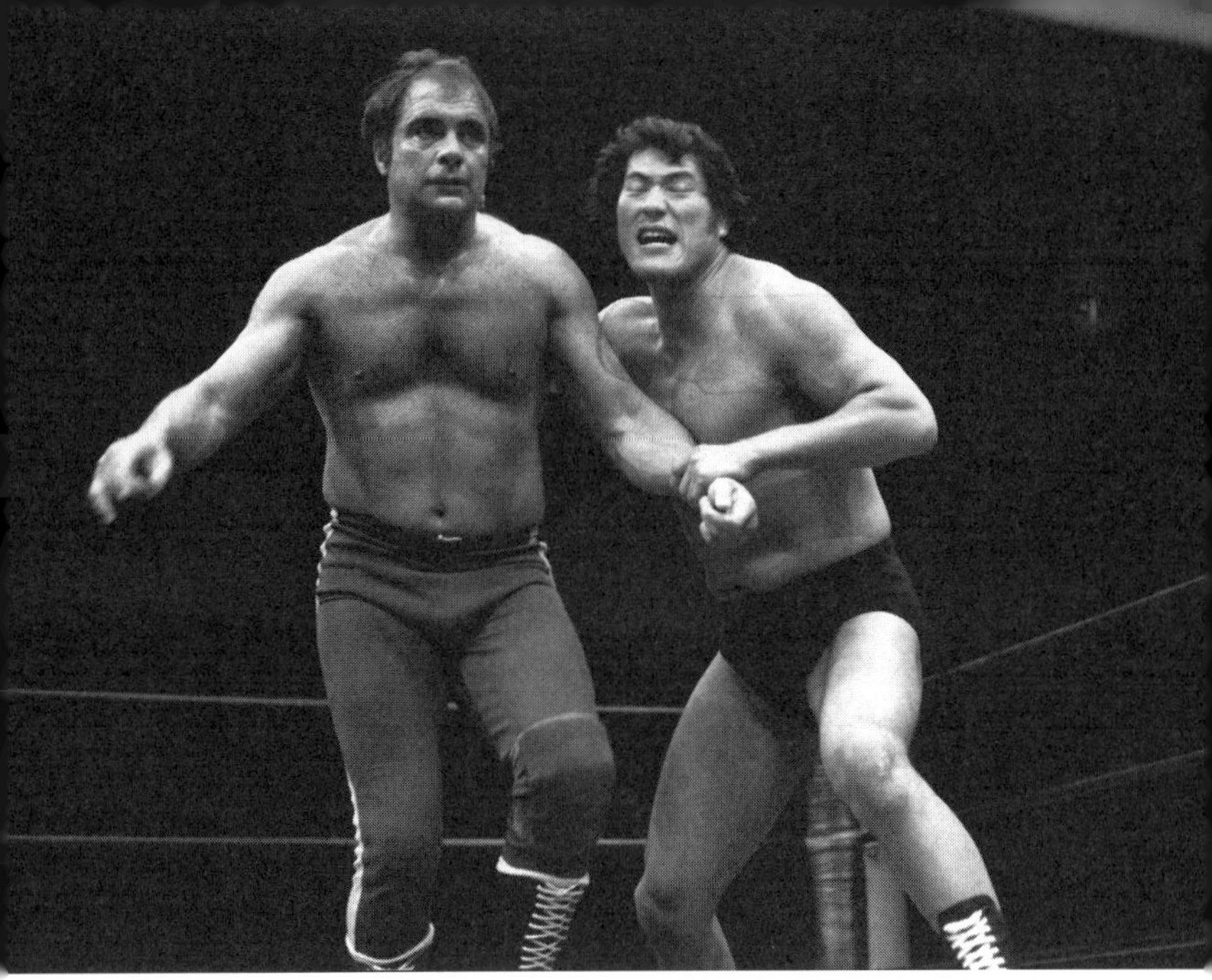

10・25後楽園でトロスに快勝

なっていたトロスには衰えが目立ち、猪木が16分38秒にグラウンド・コブラツイストで完勝している。2週目（11月1日）は10月10日に大木金太郎が急遽割り込んだために延期となっていたアーニー・ラッドとのNWF世界ヘビー級選手権で（札幌中島スポーツセンターからの生中継）、3月21日にクリーブランドで大苦戦の引き分け防衛を強いられていた相手だけに、猪木の表情からは「今回は引き分けが許されない」というプレッシャーが感じられた。

ラッドは206センチ、140キロという巨体で、身長、体重的にほぼ馬場と同じ。東京スポーツ（櫻井康雄記者）が盛んに「ラッドは仮想・馬場」と書き立てたが、実際の試合ぶりはラッドと馬場では全くタイプが違う。馬場は巨体に似合わぬ細かいグラウンド技も得意にしていたが、ラッドはフットボーラー

〝毒グモ〟ラッドが新日本初参戦。写真は11・8後楽園のスパイダー・キック

上がりのタックルと巨大な掌を使ったクロー攻撃主体のラフファイターであり、共通点はフィニッシュに使っていた16文キックそっくりの「スパイダー・キック」くらいのものだったろう。1本目は静かなヘッドロックの攻防から猪木が豪快なダブルアーム・スープレックスでラッドを宙に舞わせ、そのあと豪快なバックドロップで先制のフォール(17分5秒)。2本目はラッドのタックルをまともに食った猪木が棒立ちになり、豪快なネックハンギングで吊りあげられたあと、フライング・ボディプレスをフォローされてタイのフォールを奪われた(7分42秒)。3本目もラッドが再びネックハンギングで追撃したが、猪木がインディアン・デスロックで応戦。最後はラッドの巨体に弓矢固めを決めて10分26秒、ギブアップで決着をつけた。合計35分の長い試合だったがダラダラした場面は全くなく、この

11・1札幌でラッドを挑戦者に迎えてNWF王座防衛戦。3本目、渾身の弓矢固めでベルトを死守した

年に猪木がやった「対ガイジン選手」の中では内容的に一番良かったと思う。何より3本ともフィニッシュ技がハッキリ決まって、メリハリの利いた試合だった。このときの弓矢固めが、私的には「猪木ヒストリーにおけるベスト弓矢固め」である。

　ラッドが帰国した翌日からの3週目には、ザ・シークが登場した。もちろん新日本初参戦で、前年（1973年）4月に馬場のPWF世界ヘビー級選手権初防衛戦（と、2度目の防衛戦）の相手に選ばれて来日して以来だったので、馬場と猪木を相対比較する上で格好の標的となった（馬場は初戦がリングアウト勝ち、翌日の2度目はフォール勝ちで防衛）。猪木対シークは11月13日と14日の沖縄・奥武山《おうのやま》体育館2連戦のメインで組まれ、初戦（15日にテレビ録画中継）は猪木の反則負け（12分58秒）、第2戦は血ダルマにされたシークが6分23秒、試合を放棄して控室に逃走したため、猪木がリベンジを果たした。シークはこのあとも九州地区3連戦（延岡、日南、高鍋）に出場予定だったが、なんと、これをキャンセルして急遽帰国というハプニング。地元デトロイトでクーデター（キラー・ブルックスをリーダーとする傘下レスラー十数人が別派を結成）が発生したのが理由だったが、新間寿氏によると、シークには（当然）ギャラも全く支払われなかったという。

「契約したのは8日から19日までの9試合なのに、6試合しか消化せずに、勝手に帰ってしまったわけですから、当然です。特に（17日の）延岡の旭化成体育館には、かつて坂口さんが勤務していた時期の同僚が詰めかけてくれて満員になったのに、目玉として宣伝していたシークが出ないことになって大変だった。私がマイクを持ってリング上からお客さんに誠心誠意謝罪して、何とか収束したが、それを通路から見ていた猪木が、『おい新間。お前の説明は良かった。これからも、必要があったら、いつでもリングでマイクを持ってしゃべっていいからな』ということになってしまった」

このシーク事件にはまだ続きがある。翌年（1975年）8月、ニューオーリンズのNWA総会の時のことである。新日本が3度目の申請でようやくNWAに加盟できたのがこの総会だったが、事務局が新間に対して「加盟を認めてやるが、シークが新日本に遠征したときの、彼が出場した6試合分のギャラを支払ってやるように」という条件をつけてきたという。

「シークのヤツ、しっかりとNWAの幹部に泣きついて、1年後にウチから6試合分のギャラを回収したわけです。仕方ないから払ってやりましたが、あの腑に落ちない要求を飲んだのは、非常に無念でした。あれ以来、二度とウチはシークを呼ばなかった」

シークは1977年12月、アブドーラ・ザ・ブッチャーとの凶悪コンビで再び全日本に復帰した（当時51歳）。キャラクター的にはどう考えても全日本向きのレスラーであり、新日本プロレス、猪木とは所詮、「水と油」だったような印象が残る。

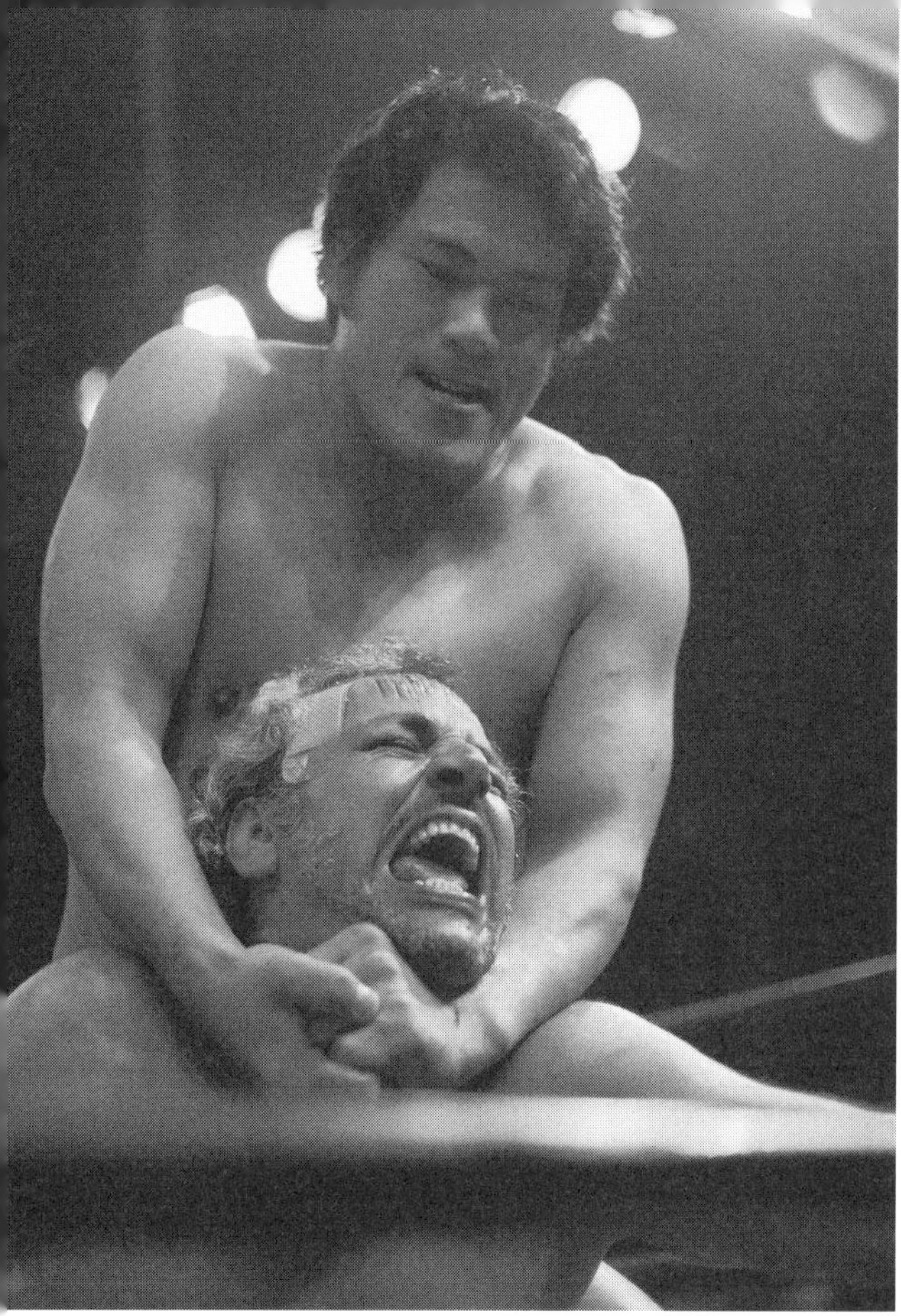
11・13沖縄で〝アラビアの怪人〟シークと対決。2連戦は1勝1敗に

シークのあとを受けてアンドレ・ザ・ジャイアントが11月21日から特別参加し、シリーズ終盤戦を大いに盛り上げた。アンドレは12月15日からのブラジル遠征で猪木のNWF世界王座に挑戦することが決まっていたので、シリーズ中には猪木とのシングル戦は組まれていなかったが、連日タッグマッチで怪物ぶりを十分

12・12蔵前で小林と再び激突。アメリカ武者修行を経てパワーアップした小林を卍固めで返り討ちにした

にアピールしていた。

12月12日、最終戦の蔵前国技館は、またまた1万6500人の大観衆を集めて猪木対小林の再戦が行われた。アメリカ東部地区で大活躍していた小林はサンマルチノのWWWF王座にも挑戦するなど、「3月の俺とは違う」とばかりに大胆な戦いぶりを見せて猪木を苦戦させた。私は後年、何度か小林氏とは話す機会を得たが、猪木戦については、何度かこのような述懐をしたのを思い出す。

「3月の試合は貫禄負けだったが、12月の試合は、あれは自分が勝っていた」

結果は28分27秒、猪木の卍固めが決まり、危険と判断したレフェリー（コシキ・ジーン）がレフェリー・ストップで猪木の勝利を宣告したが、小林はギブアップしていない。小林の中では「内容的には自分が優勢だった」という確かな自信があったのは間違いない。3

SAUDAÇÕES A TODAS AS FÃS DO BRASIL

ブラジルのファンの皆さまへご挨拶

Seiji Sakaguchi
坂口征二

Antonio Inoki
アントニオ猪木

Desde a minha ida ao Japão, a realização de uma temporada de luta livre no Brasil tem sido um ande sonho da minha vida. Como todos sabem, fui radicado no Brasil como imigrante japonês e tenho a iensa satisfação em rever esta querida terra e os amigos que aqui residem.

Esta realização da memorável temporada de luta livre contará a participação de lutadores mais mosos e categorizados do mundo inteiro e terá caráter beneficiente sendo os lucros doados a organizações neficientes.

Todos os lutadores farão o maximo de desempenho e contamos com o apoio e comparecimento ma. o do publico brasileiro. Esperamos ainda que esta promoção sirva de estimulo para futuros intercambios portivos entre duas nações amigas, não só de luta livre mas, de todos os setores de atividades esportivas.

Anteciosamente,
Kanji Inoki

ブラジル遠征（大会は12月15日と19日）で用意された現地向けのパンフレット

月19日の試合に比較すると、内容的にややインパクトが弱い印象のある一戦だったが、小林の成長ぶりは見違えるものがあった。翌年1月から新日本マットに定着したが（正式な入団は5月）、レスラーとしてはこの12月12日（34歳）がピークだったと思う。

小林戦の翌日、猪木は馬場に対して「対戦要望書」を送付し、コピーをマスコミにも配布した（147〜149ページに掲載）。実際に文章を作成したのは新間氏だったが、「馬場追撃作戦」は遂に最終局面を迎え、私は「ここまで言われたら、いよいよ馬場も応戦やむなしだな」と複雑な心境になった。どうして複雑だったかと言うと、文中に「テレビ問題、放送権、興行権、試合の日時、場所、すべて貴殿に委ねる」という部分があったからだ。「天下のアントニオ猪木が、ここまで譲歩する必要はないだろう。これでは、馬場との格の差を、自分で認めているようなものではないか。卑下するにも程がある。やり過ぎだ」と思ったのだ。結果的に馬場が無視したから良かったものの、この要望書を馬場（と日本テレビ）が真剣に検討していたら猪木（とテレビ朝日）はヤバかった。いずれにせよ、この12月をもって、「馬場と猪木、戦うべし」の世論は最高潮となり、一般週刊誌までも巻き込んで年明けまで盛り上がった。

猪木、坂口、星野、山本、木戸ら新日本一行は12月13日に日本を出発し、1週間のブラジル遠征を敢行した。この遠征は猪木がプロレスラーになってからの悲願であり、母や多くの兄弟姉妹がいる第二の故郷に錦を飾る「大切な区切りの儀式」でもあった。第1戦（15日のサンパウロ）はアンドレを相手にNWF世界王座防衛戦を行い、19分31秒に両者リングアウトで引き分け防衛（9度目）。第2戦（19日のロンドリーナ）は坂口とのコンビでアンドレ、トニー・チャールスを相手に北米タッグの防衛戦を行い、2対1で勝って防衛（3度目）に成功している。翌日、猪木はブラジル政府ならびにサンパウロ市から日伯友好に寄与した功績を称えられて、最高権威の「グラン・オフィシャル賞」を授与された。プロレスラーになってから14年、猪木はレスラー生涯最高の1年を、最高の形で締め括った。

対戦要望書

全日本プロレスリング
ジャイアント馬場殿

本日、玆に全日本プロレスの代表者でありPWFヘビー級チャンピオンの貴殿に対し、新日本プロレスの代表としてNWF世界ヘビー級チャンピオンの立場に於いて私は、貴殿との対戦を公式に要請、その回答を求める次第であります。

私はこれまで長期間に亘り貴殿に対し再三の対戦要請をして参りました。然るに貴殿はこれまで何ら誠意ある意思表示をなされず、一部の新聞紙上に於いて同一団体の支配下にあらざる者との対戦はかなわずとか、時期尚早、契約するテレビ・ステーションとの相違、興行面の問題、認定する外国興行団体との関係などを理由に私との対戦を回避していいます。

思うに現在の日本のプロレスリング界は各団体が乱立し、それぞれの団体がチャンピオンをいたずらに濫造し、ファンに混乱を与えているという世間のプロレス界に対する批判を耳にする現状は私にとつて忍び難いものがあります。

（147～149ページの3枚）12月13日付で猪木が全日本の馬場宛に送った「対戦要望書」の全文。日本プロレス時代以来、馬場と雌雄を決したいとする猪木の思いと、2人の対決を望む周囲の期待はピークに達した私は「プロレスリングの原点は真剣に闘うことにある」の古今、東西のプロレスリング界に共通の理念から日本一の強者は一人であらねばならず、それを象徴する日本ヘビー級チャンピオン制定を訴え、努力を続けて参りました。

今春、かつて国際プロレスの第一人者でありフリーとなつたストロング小林君の挑戦を退け、さらに日本プロレスの代表として挑戦を申し入れた大木金太郎君を破り、さらに去る十二日、再度のストロング小林君の挑戦にも勝つたことは先刻、貴殿もご承知のはずであります。茲に至り両君を破つた私は、貴殿に改めて正式に対戦を要望することに踏み切りました。ストロング小林、大木金太郎の両君とも日本ヘビー級チャンピオンの制定には私と意見の一致をみております。

先般、プロレスリングのOB有志の諸先輩から貴殿に対し私との対戦の要望書が出されましたが、それに代表される如く貴殿と私との対戦は、ファンの渇望するものであることは言を俟ちません。ファンなくして、ファンの要望を無視してプロレスリングの存在、発展のないことは貴殿も当然熟知のことでありましょう。

対戦の実現には貴殿側に於いては諸々の事情があることは推測に難くありません。依つて私はこの際、全ゆる条件を貴殿側に寄託致す所存であります。つまりテレビの放送権、興行権を貴殿側に譲渡、開催の日時、場所、試合に関する一切の問題に於いて貴殿の意志を尊重し、私個人はフリーの立場で対戦を申し入れる次第であります。

既にこの件に関しては、私側の関係者の了解は得てあります。

私の貴殿との対戦の意図は、あくまでも混迷するプロレスリング界をすっきりとしたものとし、新しい発展を願うものであり、単なる私個人の貴殿に対する遺恨ではありません。それは貴殿の理念とする「理想のプロレスリング」に通じるものでないかと思います。

〝立ち給え！馬場君〟そして男らしく勝負を決しようではないか。私共はかつて故力道山先生にプロレスリングの原点は何であるかを身を以て教えられた間柄ではなかったか。それを守ることは師の遺志を継ぎ、日本のプロレスリングを継承する者の課せられた使命ではありませんか。私は私の出来る限りの最大限のこの譲歩による対戦申し入れに対し、貴殿の誠意ある回答を望んで止みません。

貴殿がもし対戦をあくまで回避されるなら私も、さらに世間のファンを納得さすに足る充分な明確な理由の表明のあることを加えて申し入れます。

昭和四十九年十二月十三日

新日本プロレスリング株式会社

アントニオ猪木

1975年（昭和50年）

最初の「引退危機」を脱し、ロビンソンと生涯ベストバウト

新春黄金シリーズ

シンとのNWF王座防衛戦を拒否！

1月3日（埼玉・越谷市体育館）から2月6日（大田区体育館）までの期間に25興行が開催され、開幕戦から最終戦まではマクガイヤー兄弟、ピート・ロバーツ、コーリン・ジョイソン、スチーブ・ライト、ヒューラカン・ラミレス、カナディアン・ワイルドマンの7人が招聘され、この他に新日本初参戦の〝獣人〟ブルート・バーナードが、1月31日から最終戦まで特別参加した（2月4日の大阪府立体育館のメインで猪木とシングル対戦したが、ブレーンバスターで完敗）。直前の年末シリーズが余りにも豪華だったため、メンバー的には寂しい感があったが、それでも初来日のライトが溌剌とした試合ぶりで猪木、坂口に挑む姿は見ていて気持ちよかった。私は1月14日、地元の水戸市民体育館（第10戦）に行ったが、ここでもライトは永源遙をテクニックで翻弄し、最後は芸術

初来日となるイギリスのテクニシャン、ライトとも対戦

的な回転エビに固めて快勝して場内を沸かせている。メキシコのレジェンド的存在だったラミレスは年齢的に50歳に近く、水戸大会ではセミで猪木とシングルで対戦したが、9分52秒に弓矢固めで敗れている。

猪木は、シリーズ最終戦の大田区体育館の控室で記者会見を行った。「このシリーズではNWFの防衛戦にふさわしい挑戦者がいなかったので、タイトルマッチをやらなかった。次のシリーズにはまた(タイガー・ジェット・シンが来るが、NWF本部からシンを相手に防衛戦をやれと指示が来たので、当然断った。もうシンとは去年、決着をつけているし、本部の指示を受ける義務はない」。

このあと猪木は、2月9日にNWF本部のあるニューヨーク州バッファローに赴いてデビッド・フェルドマン(ヘルマン)と会談を行ったが壮絶な決裂。即帰国し、なんとベル

（上）日本プロレス時代に猪木と何度も激闘を繰り広げた"野獣"バーナードが新日本初登場（下）野獣系ファイター、ワイルドマンとタッグ対決（1・9東京体育館）

ト返上（2月12日、青山事務所）という事態に及んだため、NWFはカール・ゴッチを特使として東京に派遣し（2月16日）、猪木を説得するというドタバタ劇になった。

　結局、猪木はゴッチ折衷案の「シンとNWFタイトル争奪戦をやってはどうか」という提案に応じて次期シリーズ（3月13日、広島）で改めて「王座決定戦」をやることを承諾したが、この一連の経緯を毎日、東京スポーツで追っていた私は、「なんだこれは？　せっかく9回まで伸ばした防衛記録が、またゼロからの仕切り直しになっただけじゃないか。無意味な盛り上げ方だなあ」と、かなり冷めた気持ちで紙面を眺めていた。まあ、今にして考えれば、前年6月に右腕を折って完全決着をつけていた猪木にとっては、「どうせまた、シンとNWFをやるんだったら、こうでもしないと盛り上がらないだろ？」とばかり、「二泊三日のバッファロー詣出」

という手の込んだ仕掛けを楽しんでいただけかもしれない。

ビッグ・ファイト・シリーズ

NWF王座を失ったのみか、インターナショナル王座にも手が届かず

2月21日（群馬・藤岡市民体育館）から3月20日（蔵前国技館）までの期間に25興行が開催され、タイガー・ジェット・シン、ジョニー・ロンドス、トニー・チャールス（3月9日の試合で睾丸横の筋肉断裂の重傷を負い、翌日から欠場、帰国）、マイティ・ズール、ピーター・カイザー、スチーブ・ベイダーの6人が招聘された。開幕戦（テレビ生中継）でいきなりシンがストロング小林とシングルで対戦する注目のカードが組まれ、小林が6分34秒に反則勝ち。シンはサーベル攻撃で小林の脳天を叩き割り7針の裂傷を負わせるなど、スタートからトップギアで飛ばしNWF王座奪取へ気勢をあげた。余談だが、小林はこの試合でシンにやられた7針の縫合痕を私に見せて「ひどいやつですよ。サーベルの一番鋭角な部分が、ここに突き刺さった。すぐに近くの病院に行ったけど、穴が開いたようで出血が止まらずに、その夜は一晩だけ入院して、翌日の試合はタクシーでそこから一人で行ったんです」と述懐してくれたことがある。前年、猪木と2度の名勝負をやった小林は、この試合から徐々に「噛ませ犬」的なポジションを負わされていった。

3月13日、広島県立体育館で行われた猪木とシンによる「NWF世界ヘビー級王座決定戦」は、シンがロープ越しのボディスラム（トップロープ越しに抱え上げる態勢はブレーンバスターだが、

そのあとはブリッジせずにマットに叩きつけるだけ）から、ロープに振ってエルボー・スマッシュ（ヒジの中に凶器を入れてヒット）をアゴに叩き込んで快勝し、NWF世界王座を奪った（19分26秒、体固め）。翌週の3月20日、蔵前国技館でリターンマッチが行われたが、ここでもシンは粘り腰を見せて19分1秒、両者リングアウトで初防衛に成功している。NWF世界ベルトが1年4カ月ぶりに持ち去られたことはショッキングではあったが、この段階で「かつてNWFの本拠地であったバッファローとクリーブランドは、興行不振のために事実上、マーケットとして存在していない」という実態は『月刊プロレス』も『ゴング』も「海外レポート」の欄で報道しており、マニアの大半が「シンがベルトを奪ったとはいえ、どこで防衛戦をやるのだろう？」という

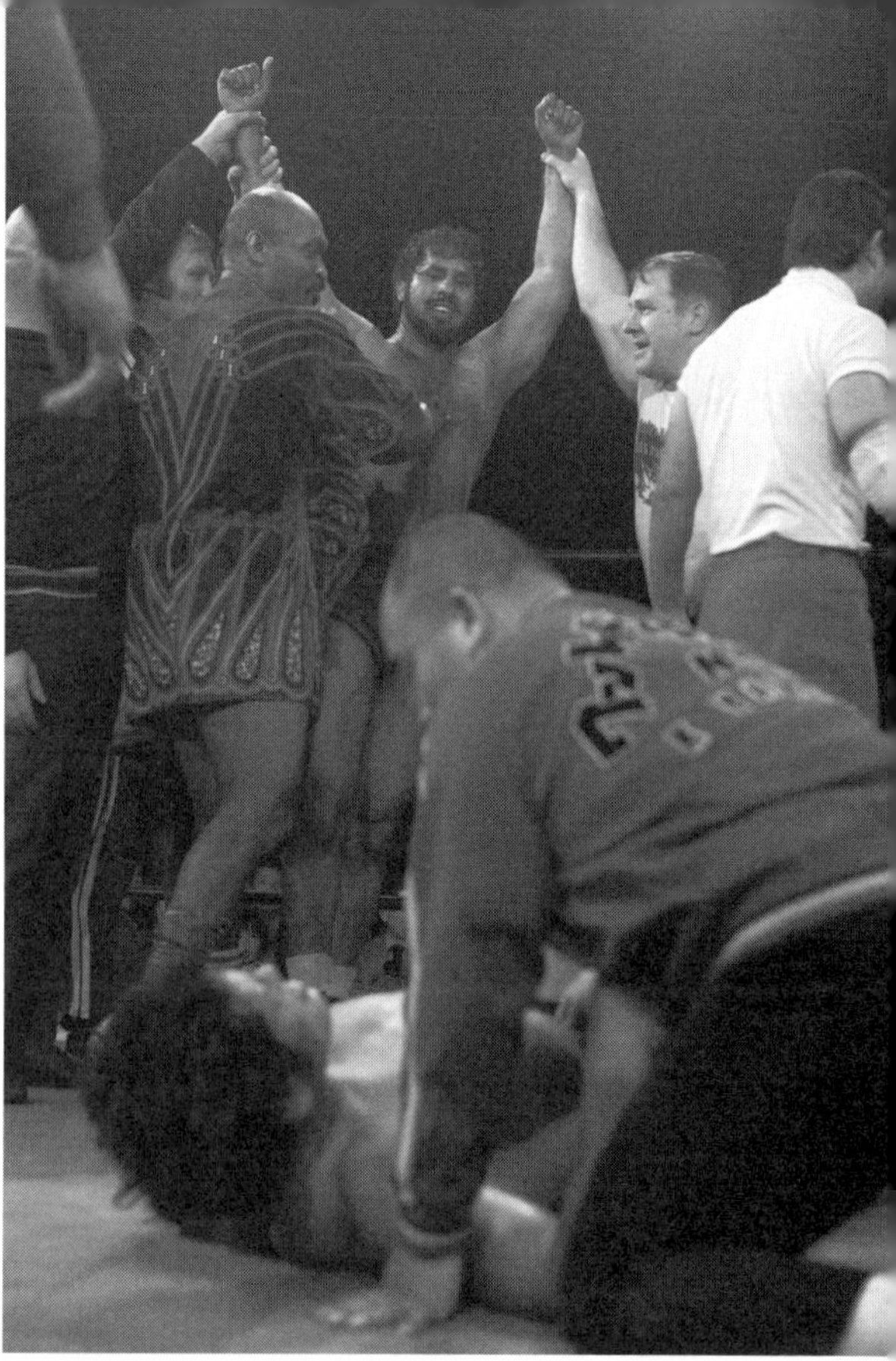

3・13広島の王座決定戦で猪木はシンに敗れ、虎の子のNWFベルトが仇敵の腰に巻かれた

疑問を持ったことは事実だった。

シン戦の翌日、猪木は星野、永源、小沢、栗栖を帯同して韓国遠征に出発。22日から27日にかけて5興行に出場し、27日の最終戦（ソウル・奨忠体育館）では大木金太郎の保持するインターナショナル選手権に挑戦し、13分38秒、両者リングアウトで引き分けている。

猪木を撃破しNWF王者に就いたシンの雄姿

猪木がインターのシングル王座に挑戦したのはこれが最初で最後であり、日本プロレス時代に馬場が王者だったときのことを思うと、当時私は「猪木がここでインターを奪えば、馬場への対戦要望がより効果的、具体的になったろうになあ」と残念な気持ちになったものだった。逆に、大木としては死んでも負けられない一戦。自らのインター防衛ヒストリーの中に猪木の名前を刻むことができたのは、

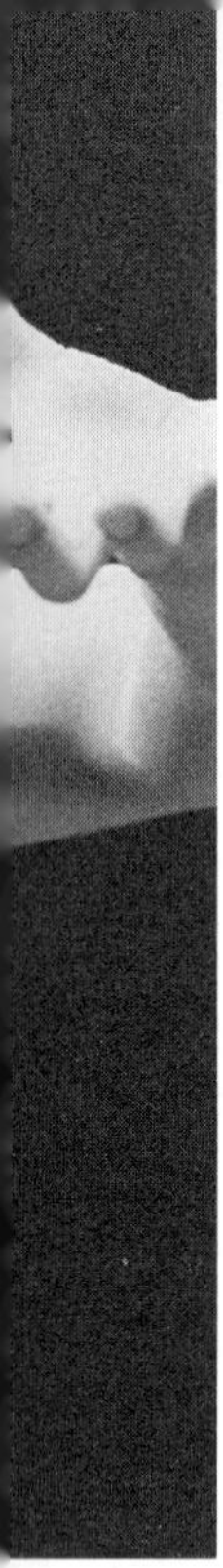

さぞかし誇らしい気持ちだったに違いない。

第2回ワールドリーグ戦

〝ほぼ日本選手権〟を勝ち抜いて2連覇

「第2回ワールドリーグ戦」は4月4日（開幕戦＝蔵前国技館）から5月16日（決勝戦＝両国日大講堂）までの期間に36興行が開催され、キラー・カール・クラップ、スーパー・デストロイヤー（ニール・グエイ）、マンマウンテン・マイク、サングレ・フレア、ジョン・ガニア、ファザール・シンの6選手が招聘された。この6人のガイジンだけだと「かなり悲惨なリーグ戦」は確定的だったが、大木金太郎、マサ斎藤、ストロング小林のフリー大物3人が特別参加し、かつ「日本人、ガイジン問わず総当たり制」が初めて実現したことで「準・日本選手権」と言って過言ではない充実感があり、結果的に最高の「春の本場所」となった。毎週金曜夜8時の「ワールドプロレスリング」が「開幕戦から決勝戦までの7週間、全て生中継」という記録を残したのもこのシリーズだけで、人気ぶり、白熱ぶりを証明する快挙だったと思う。

猪木の試合でテレビ放送されたのは大木（4月4日）、星野（11日）、斎藤（18日）、クラップ（25日）、S・デストロイヤー（5月2日）、J・ガニア（9日＝試合は放送開始前に終了、そのあと猪木は放送席で坂口・大木をコメント）、小林（準決勝）、クラッ

第2回ワールドリーグ戦は惜しげもなく日本人対決が実現し、"準・日本選手権"の様相を呈した（写真は4・18東京・福生の斎藤戦）

プ（決勝）の7試合だったが、できれば坂口（5月15日、大阪。23分48秒に猪木が後方回転エビ固めで勝利）、柴田勝久（4月25日、岡山・津山。7分25秒で猪木がブレーンバスターから体固めで勝利）、山本小鉄（5月8日、島根・出雲。11分1秒に弓矢固めで猪木の勝利）とのリーグ戦もテレビで放送してほしかった。特に山本は、翌年からはコーチ業、フロント業に重心を置くようになり、リーグ戦に出場しても途中棄権が目立つようになったので、この第2回ワールドリーグが（対猪木の）ラストチャンスだった。テレビ放送された中では、18日のマサ斎藤戦（東京・福生市体育館＝14分13秒に弓矢固めで猪木の勝利）が文句なしのベストバウトで、この12年後（１９８７年10月）に「巌流島決闘」が行われたことを思うと、二人のあまりにも長く濃い戦闘史に改めて敬意を表したくなる。

5月16日の日大講堂では予選リーグで猪木、小林、坂口、大木の４人が同点だったため、同じく予選リーグで０・５ポイント多く稼いでいたクラップとの対戦権利を得るためのトーナメント戦が行われた。まず猪木が20分2秒、グラウンド卍固めで小林をフォール（このときはギブアップではなく、両肩がついていたためスリーカウント）。次の坂口対大木がノーコンテストとなって両者失格となったため、自動的に決勝進出となった。小林との試合から10分くらいしか経過していなかったので疲労が目立ったものの、相手がク

第2回ワールドリーグ優勝戦進出者決定戦・第1試合で宿敵・小林と激突。グラウンド卍固めでフォール勝ちした（5・16日大講堂）

第2回ワールドリーグ優勝決定戦で猪木はクラップにブレーンバスターからのグラウンド卍固めでギブアップ勝ち。ワールドリーグ2連覇を達成した（5・16日大講堂）

ラップでは「適度のハンディキャップ」といった感じでしかなく、結局猪木が16分42秒、ブレーンバスターからのグラウンド卍固め（このときはクラップがギブアップ）で2年連続の優勝を飾った。

翌日、猪木は坂口を帯同してカナダ・ケベック州のモントリオールに出発。これはモントリオールのプロモーターだったルージョー兄弟（ジョニー＆ジャック）の要請に応じたもので、19日に同地のポール・サウベ・アリーナでシンのNWF世界王座に2度目の挑戦（レフェリーはルージョー兄弟の従弟、ピエール・バートランド）。この試合は60分3本勝負で行われ、1対1から猪木が反則勝ちで勝利はゲットしたものの、「反則では王座移動せず」のルールによりベルトの奪還は果たせていない。坂口はこの遠征で7月シリーズの招聘ガイジン4人と契約し、猪木の前の試合でブル・グレゴリー（ブッキングした4人の一人）を破って見事に〝露払い〟役をこなした。

ゴールデン・ファイト・シリーズ

アリの発言に噛みつく！　シンと名勝負を展開

5月30日（後楽園ホール）から6月26日（蔵前国技館）までの期間に24興行が開催され、アンドレ・ザ・ジャイアント（開幕戦から6月19日まで）、タイガー・ジェット・シン（6月20日から26日まで）、ザ・プロフェッショナル（ダグ・ギルバート）、マスクド・グラジエーター（ジルベール・ボワニー）、グレッグ・バレンタイン、デニス・ミッチェル、ジョン・ミッチェルの7選手が招聘された。開幕戦の後楽園ホールで新間営業本部長の記者会見が行われ、ストロング小林の新日プロ入団が正式発表となった。ここから「猪木、坂口、小林のビッグスリー」と呼ばれた時代がスタートし、その呼称は藤波が凱旋帰国する

6月9日、羽田空港に立ち寄ったボクシング世界ヘビー級王者アリに対して、猪木サイドが挑戦状を渡した

6月10日、アリへの挑戦表明が報じられたスポーツ紙を見る猪木

1978年3月までの、約3年間継続する。

シリーズ中の6月9日、マレーシアのクアラルンプールで防衛戦を行うためのトランジットでモハメッド・アリ（ボクシングのWBA、WBC統一世界ヘビー級王者）が羽田空港に立ち寄り、集まったマスコミ相手に記者会見を行った。アリはこの年の4月に「東洋人で俺に挑戦してくる者はいないのか?」という発言をしたが、それが『サンケイスポーツ』のコラムに掲載された。この記事を読んだ新聞が猪木にそれを見せたところ「面白い、やってやろうじゃないか」となって、この日（6月9日）の直接行動に及んだものだったが、当時、新日本で通訳係だった杉田がアリに書状（挑戦状）を手渡し、ここから1年後の「猪木・アリ戦」の実現に向けて双方による交渉がスタートしていく。シリーズ・オフだった6

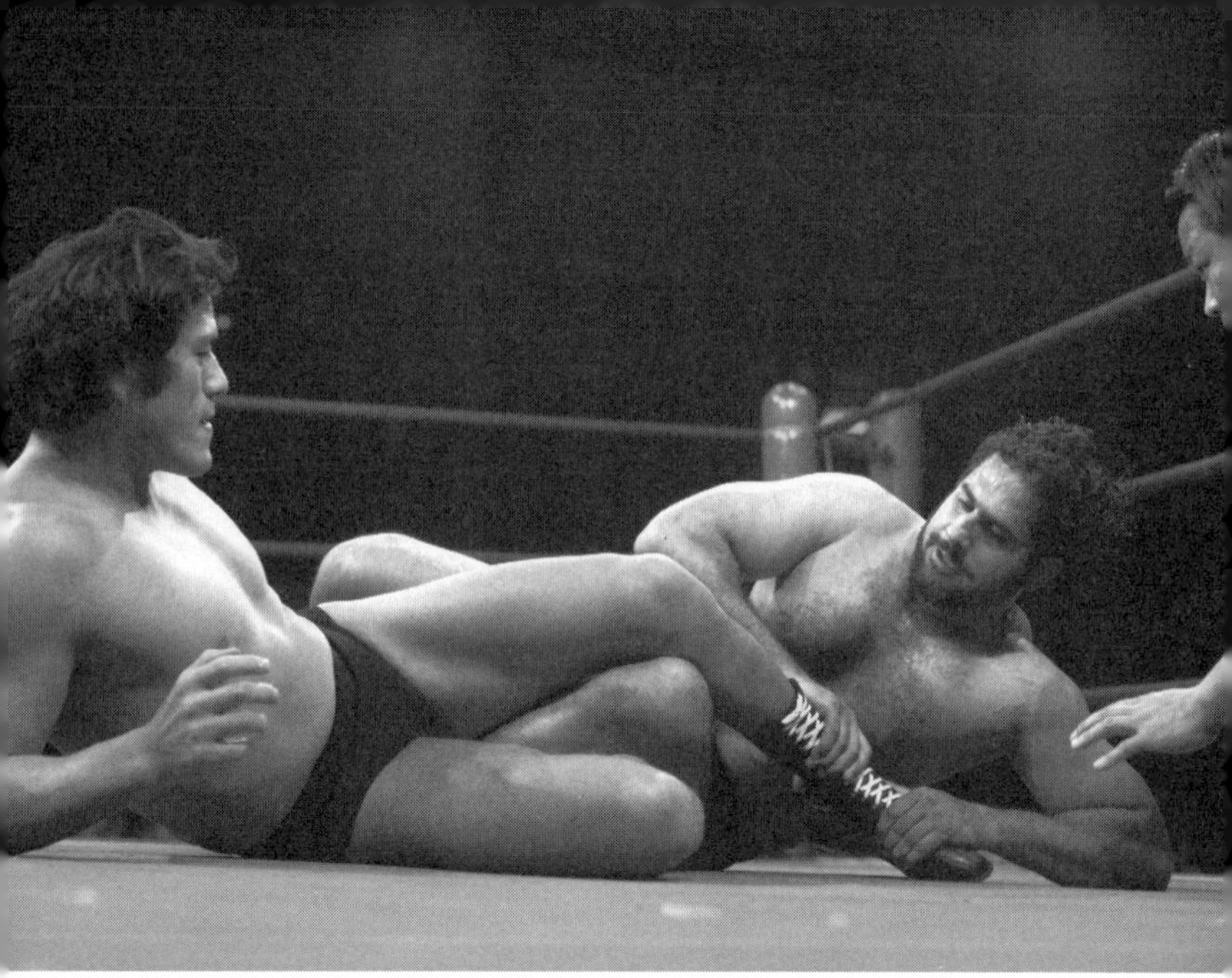

6・26蔵前でシンの保持するNWF世界ヘビー級王座に挑戦し、2対1で王座奪回に成功

月11日、猪木は青山の事務所で記者会見を行い、集まったマスコミに「どんなルールでも勝つ自信がある。プロレスが最強であることを証明してみせる」と怪気炎を放った。この段階ではまだ「どうせ実現なんかするわけない。また猪木が得意のスタンドプレーで話題を集めたいだけだ」という罵詈雑言ばかりだったが、年末あたりから「実現しそうだ」という雰囲気が盛り上がっていく。

シリーズ最終戦、6月26日の蔵前国技館ではシンが猪木の（三度目の）挑戦を受けるNWF世界戦が開催され、満員（発表は1万6000人）の観衆を動員した。試合は60分3本勝負で行われ、1本目は猪木が秘密兵器のジャパニーズ・レッグロールで鮮やかに先制（10分41秒）。2本目はコブラクローで猪木の喉元から大量出血させたシンが、初公開のアルゼンチン・バックブリーカーで猪木

6・26蔵前のNWF世界ヘビー級王座戦は、シンが珍しくクリーンファイトに徹し、技vs技の攻防に。猪木vsシン史上に残る好勝負となった

からギブアップを奪いタイスコア（2分47秒）。3本目は一進一退の攻防となったが、最後は猪木がバックドロップ、ドロップキック2連発、再度のバックドロップと畳みかけてシンから決勝フォールを奪い（4分28秒）、3カ月ぶりに虎の子の王座奪還に成功した。流血こそあったが場外での乱闘による両者リングアウトがなく、3本ともキッチリとしたフォール決着となって見応え十分の名勝負。現在でも高い評価を受けている一戦である。

サマー・ファイト・シリーズ

シリーズ終了直後、突如「引退危機」に見舞われる

7月4日（後楽園ホール）から30日（大阪府立体育館）の期間に21興行が開催され、ハンス・シュミット、ブルート・バーナード、

ギル・ポイソン、ジン・ルイス、ブル・グレゴリー、アリババ（オザーク・モルナー）の6選手が招聘された。注目は8年ぶりに来日したシュミット流バックブリーカーの元祖ハンス・シュミット。開幕戦（後楽園ホール＝生中継）ではセミのタッグマッチに出場し、小林をバックブリーカー2連発でフォールして衰えぬ実力者ぶりを見せたが、やはり52歳の年齢からスタミナ不足は隠せず、猪木とのシングル戦は完敗している（7月18日の佐賀・唐津、13分42秒、逆さ押さえ込み）。

この「サマー・ファイト・シリーズ」終盤から次の「闘魂シリーズ」終盤にかけて、猪木は長いキャリアの中で最初の「引退危機」に見舞われている。その詳細は次項で記す。

闘魂シリーズ

あわや左脚切断のピンチを脱し、鉄人テーズと渡り合う

8月22日（群馬・高崎市体育館）から10月9日（蔵前国技館）までの期間に38興行が開催され、ルー・テーズ（10月9日のみ）、ジョニー・パワーズ（開幕から9月4日まで）、ハリウッド・ブロンドス（ジェリー・ブラウン、バディ・ロバーツ）、ジャック・ルージョー、レイモンド・ルージョー、クレイトン・トムソン、マイク・サンドーの8選手が招聘された。

このシリーズ開幕戦に猪木の姿はなかった。左膝の故障による欠場だが、マネージャーの新間氏が「あれは本当にヤバかった。下手したら左脚切断でしたから」と述懐するほどの重症であり、選手生命が脅かされた一大事だった。この詳しい経緯については、２０１６年にベースボール・マガ

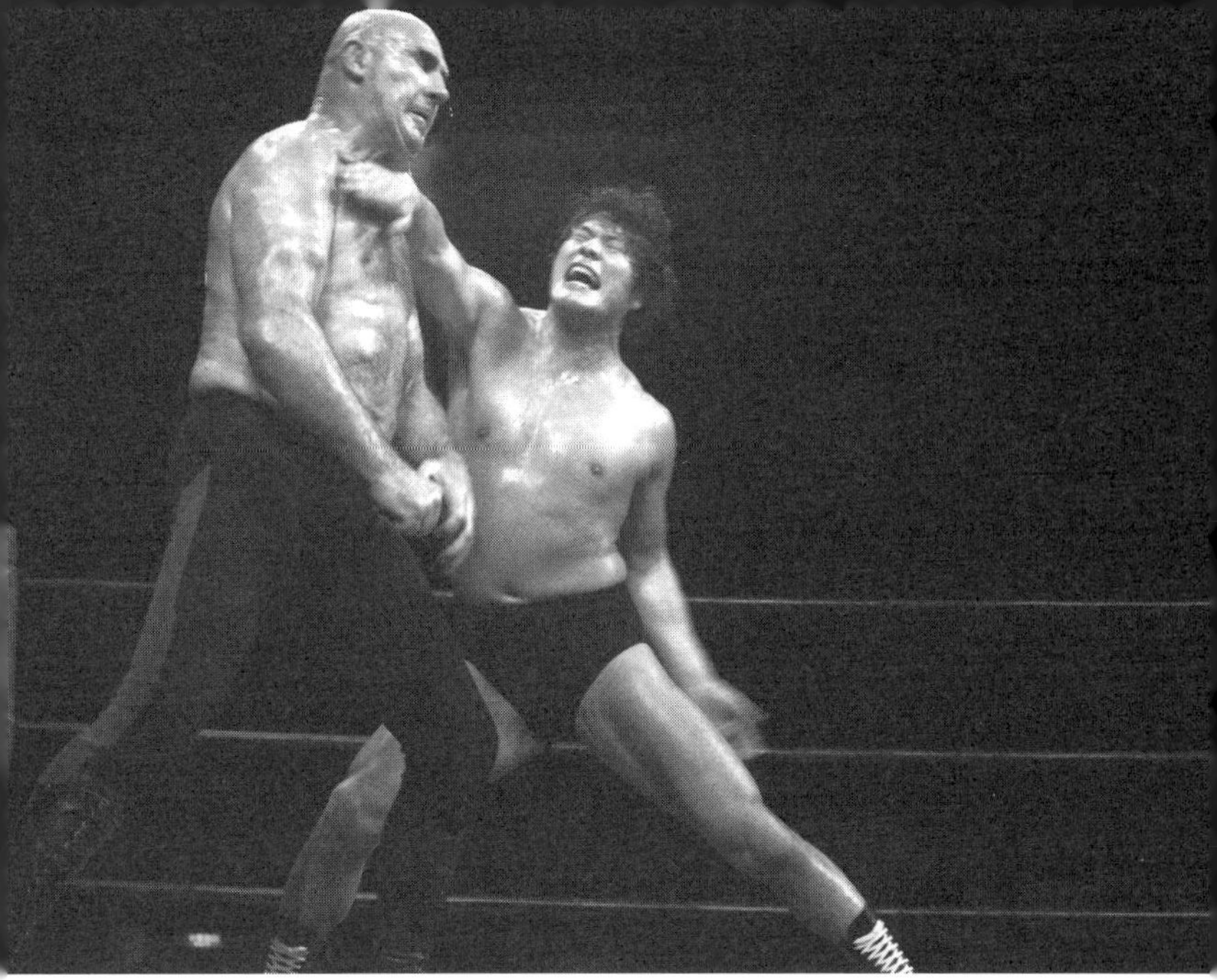

H・シュミットとタッグ対決（7・11長崎・諫早）

ジン社から発売されたムック『日本プロレス事件史 Vol.28 地獄からの生還』に書いた拙稿を、少し長くなるが、重大事項なので詳しく再録する。

●

8月1日（日本時間2日）ロサンゼルス・オリンピック・オーデトリアム（観衆7300人）

NWA認定北米タッグ選手権

猪木、坂口（1-1）ハリウッド・ブロンドス（ジェリー・ブラウン、バディ・ロバーツ）

①猪木（18分9秒　回転足折り固め）ロバーツ　②ブラウン（13分12秒　体固め）猪木　③無効試合

※猪木、坂口は7度目の王座防衛に失敗、タイトルはプロモーターのマイク・ラベール預かりとなり、次期シリーズに日本で再

北米タッグ王者の猪木&坂口はロサンゼルスに赴き、ハリウッド・ブロンドスの挑戦を受けた(8・1オリンピック・オーデトリアム)。1対1のまま無効試合となり、王座は預かりに。それだけでなく、この試合で負った傷が原因で猪木は体調不良に見舞われる

戦となる

7月30日に大阪府立体育館でハンス・シュミット、ブルート・バーナード組の挑戦をストレートで退け北米タッグを防衛した猪木と坂口は、翌々日の夕刻に羽田空港を出発して、ロサンゼルスに向かった。ここでは既にハリウッド・ブロンドスの挑戦が発表されていたが、ブロンドスは次期「闘魂シリーズ」に参加が決定しており、「わざわざ来日前に挑戦を受けることもないだろうに。まあ、いずれにせよ黄金コンビの楽勝だろうな」という安心感タップリの事前予想が大半を占めた。というのは、ハリウッド・ブロンドスは国際プロレスに「ブロンド・ボンバーズ」のチーム名で2度(1971年、1974年)来日しており、確かにタッグ専門の巧さは光ったものの、猪木、坂口に比較すると明白な「格差」

があったからだ。

ところがどっこい、ブロンドスは大変な難敵に成長していた。リーダー格のブラウンが猪木に攻撃の的を絞り、左右の脚をレッグロックで痛めつけて攻勢に出る。1本目こそ猪木が鮮やかなジャパニーズ・レッグロール（回転足折り固め）でロバーツからスリーカウントを奪ったが、2本目以降は全く精彩を欠き、隠し持った棒状の凶器で左前額部を叩き割られてダウン。ニードロップの連発とツープラトンのブレーンバスターを食って、なんと2本目を完璧なピンフォールで奪われてしまう。3本目、ゴングが鳴る前からブロンドスのダブル攻撃を受けた猪木は立ち上がれず、そのままノーコンテスト裁定となって九死に一生を得たが、内容的には完敗。1週間後（8月8日）のテレビ中継を見た時の感想としては、「ブロンドスが強くなった」という印象よりは「猪木が余りにも弱い。どうしちゃったのか？」というのが正直なところだった。7度目の防衛に失敗した黄金コンビは、日本での決着を宣言。このあと猪木はニューヨークへ、坂口はハワイに向けて別々の行動を取ったので、ひとまず新シリーズの開幕（22日）まで、ブロンドスとの決着は「お預け」となった。

翌日（8月2日）、美津子夫人とロス市内の「リトル・トーキョー」でショッピングを楽しんだ猪木は、3日から5日にかけては顧問弁護士のジョージ・カートリンガーとNWA加盟に関する細かい打ち合わせに臨んだ（新間本部長も同席）。この年のNWA総会は8月1日から3日にかけ、ルイジアナ州ニューオーリンズで開催され、その席で「新日本のNWA加盟」は決定していたが、「書類手続きの都合で当分、極秘にしてほしい」との指示を受け、9月18日まで発表しないように強い命令を受けていた（新日本事務所における正式発表、記者会見は9月22日）。

8月6日、猪木は美津子夫人と共にニューヨークに移動して、7日にニュージャージー州ジャージー・シティ（ルーズベルト・スタジアム）で行われたＩＷＡのビッグマッチを観戦している（セミファイナル前にリング上でも紹介された＝観衆８１００人）。この日はルー・テーズ（59歳）がレスラーとして出場しており（エリック・ザ・レッドに反則勝ち）、10月9日の蔵前国技館におけるＮＷＦ世界ヘビー級王座初防衛戦の相手として契約を結ぶのが主目的だった。テーズと同じ控室にはＩＷＡ世界ヘビー級王者のミル・マスカラスもいたため、ここで（日本プロレス以来）4年ぶりの対面。ＩＷＡがＷＷＷＦのみならず、ＮＷＡにも喧嘩を売っていた関係からマスカラスが「全日本に呼ばれていない時期」で、ここで猪木と面談したことで「新日本に移籍か？」との噂も流れた。結局、ＩＷＡは9月を最後にニューヨークから撤退。マスカラスは翌年1月に全日本にカムバックしたため、猪木との「夢の対決」は実現（再現）していない。

9日にはＭＳＧのＷＷＷＦ定期戦を訪問し、ここでビンス・マクマホン・シニアと12月（15日）のＭＳＧ定期戦に初登場する契約を結んでいる。

「ＭＳＧの興行が終わったあと、マクマホン、ゴリラ・モンスーン、バーン・ガニアと食事をしました。マクマホンも必死ですよ。確かに9日のＭＳＧは満員だったが、メインエベントはバーン・ガニアとアンドレ（・ザ・ジャイアント）がタッグを組んで、バリアント兄弟と対戦した試合で、サンマルチノのＷＷＷＦタイトルマッチは、その前だった。ＷＷＷＦはＡＷＡと手を結んで、ＩＷＡの侵略を絶対に防いでやろうという雰囲気だった。プロレス戦争ということで、ニューヨークは

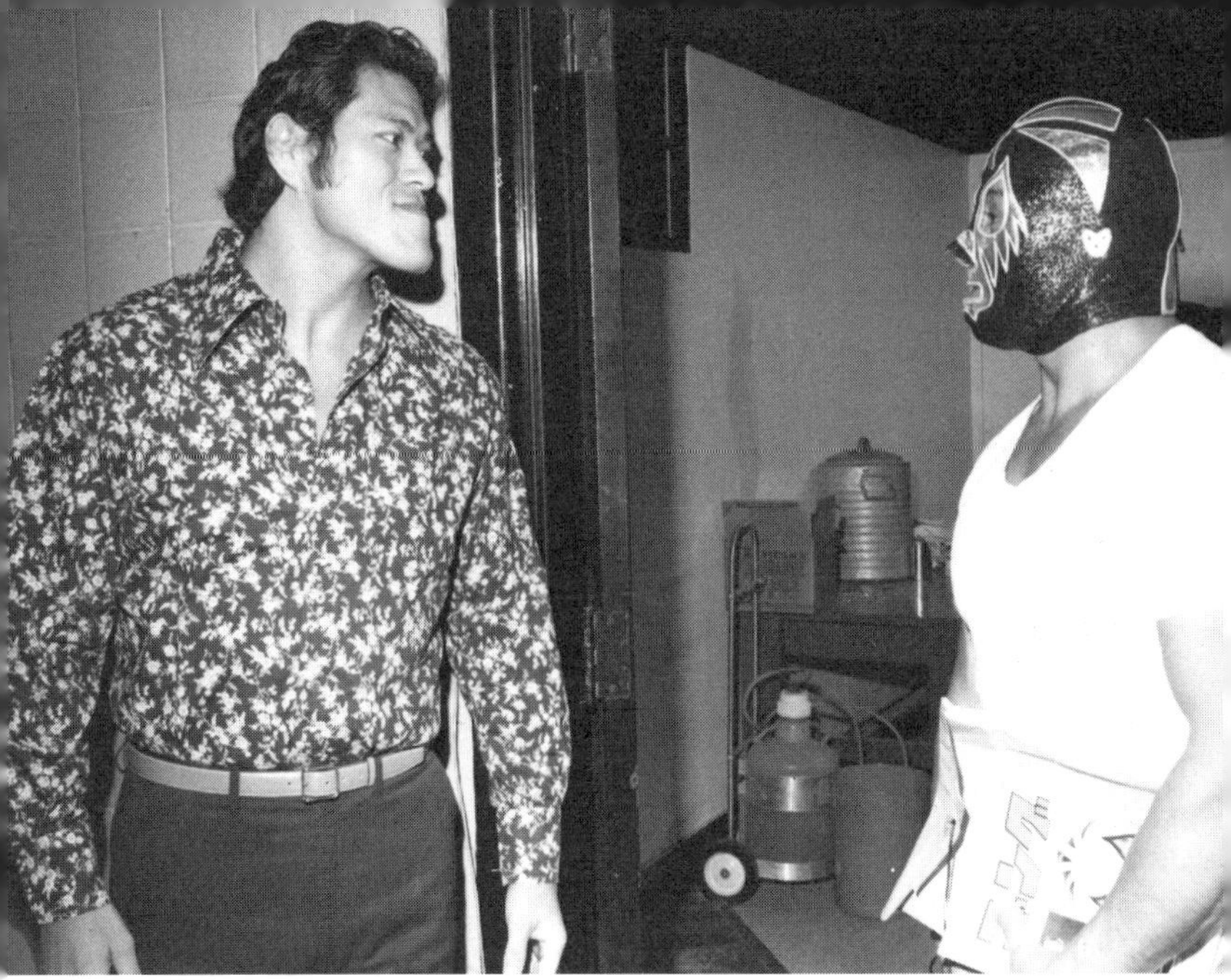

8月6日、ニュージャージー州で行われたIWAのビッグマッチ（ルーズベルト・スタジアム）を観戦。控室で日本プロレス時代のライバル、マスカラスと4年ぶりに再会した

ピリピリしており、ノンビリムードのロサンゼルスとは全く緊張感が違う。それと、IWAがストロングスタイルの試合をやっているので、WWWFのほうにも、いい刺激になっているようだ。両方のレベルを上げるという意味では、すごくいいムードにあると思う。面白かったのは、IWAでレフェリーをやっていた人が、2日後にMSGでもレフェリーをやっていたこと。おや?と首をかしげましたよ（笑）」（8月16日付の東京スポーツ、聞き手は長田記者）

猪木は8月14日の15時15分、羽田空港着のJAL1便（ロス発）で2週間ぶりに帰国。この時点では、まだ左膝に異変は感じていなかったようだ。15日から17日まで束の間の「お盆休み」を過ごした猪木は、18日（月曜日）に南青山に「出社」。デスクワークを片付けたあと、午後からは旧リキパレス内にある「エ

ムパイヤ・サウナ」に出かけて、汗を流した。そして翌19日には上野毛の道場で本格的なトレーニングに入ったが、ここで左膝に痛みを感じ、練習を1時間で切り上げて南平台の自宅に戻っている。20日は東京都青梅市小作《おざく》で「ストロング小林後援会」の発足パーティがあり、主賓として出席しているが、ここでは左脚を引き摺るようにして歩く姿が数人の関係者によって目撃されている。その夜、40度を超える高熱に襲われた猪木は、あわててマンション近くのクリニック（外科病院）に駆け込んで強い麻酔注射を打たれ、一夜を過ごした。

21日早朝、主治医である浅草の菊屋橋病院に移動した猪木は、そこで佐藤三蔵ドクターの診察により「緊急入院」の措置が取られた。「急性ビールス（ウィルス）性関節炎」という診断で、「試合中（8・1ロス）の切り傷から入ったビールスが膝関節内に広がって痛みと高熱を起こしている」という重症だった。「猪木入院」の連絡は直ちに坂口（副社長）の耳に届けられ、翌日の開幕戦（高崎市体育館）を欠場する旨、全社員、全レスラーに向けて緊急指示がなされた。

開幕戦では、猪木欠場について第1試合開始前に坂口、小林の二人がリングに上がり、観客に詳細に説明がなされた。驚きと落胆の「どよめき」は起きたが、「金返せ」的な悪質なヤジは起きていない。S・小林が正式に加入して4カ月が経過、「猪木、坂口、小林の三本柱」体制が確立されており、「まあ、猪木がいなくても坂口、小林がいるから…」という雰囲気が出来ていた時期だ。

この日はテレビの生中継があり、セミファイナル前に放送席に座った坂口は「8月1日のロサンゼルスの試合で膝を怪我し、そこからバイ菌が入ったままトレーニングをやっていたので、痛みがひどくなりました。まだ39度くらいの高熱が引いていないので試合は無理ですが、2、3日中には復帰できると言っています。27日には、田園コロシアムでジョニー・パワーズとの試合（ノンタイトル）が発表されているので、それには出場できる予定です」と語っている。この段階ではまだ「重症、歩行不能」というニュアンスのマスコミ発表ではない。外国人勢はパワーズを軸にハリウッド・ブロンドス、ジャック・ルージョーと実力者が揃っており、坂口、小林、山本、星野の4人が結束して全9試合、熱の入ったファイトを披露し、猪木欠場の穴を埋めた（藤波、長州、木戸、浜田は海外遠征中で不在。佐山聡は入門後2カ月、デビューする9カ月前）。

闘魂シリーズの開幕戦（8・22群馬・高崎）で、坂口の口から猪木が欠場することが観客に告げられた

翌23日は移動日で試合がなく、24日は都下の府中市警察署前広場だったが、この日（日曜日）の午前中に青山の会社に顔を出した猪木は、詰めかけた報道陣に対して「まだ高熱が引かない。27日の田園コロシアムに出られるように全

力を尽くす」と語って25日（埼玉・幸手町白百合幼稚園特設リング）と26日（神奈川・小田原市営球場特設リング）の欠場を表明。

翌25日発売（26日付）の東京スポーツには、門馬忠雄記者の質問に答えて、猪木が苦渋のコメントを出している。

「まだ38度以上の熱があって頭がボーッとしているんですが、家にいても熟睡できないし、仕事が溜まっているので会社に来ました。ロサンゼルスで試合をしたときに、左膝に小さな傷を負ったことは感づいていたんだが、そのときは何も気に留めなかった。14日に日本に帰ってきて、3日くらいしたときに練習をやったら、左膝の調子がどうもおかしい。ハッキリと細菌におかされたとわかったのは、20日です。開幕戦の前日はまだ大丈夫だろうと考えていたが、熱を測ったら40度あったので、出場を諦めた。24日か25日には間に合う予定だったが、とにかく熱が下がらない。27日の田園コロシアムはパワーズとのシングルマッチなので、絶対に出たいと思っている」

猪木の高熱は全く下がる気配を見せず、結局は27日の田園コロシアムも欠場となって、坂口が代役でパワーズと戦った（19分48秒、リングアウトで坂口の勝利）。当日は入場口に「猪木欠場」の張り紙を出したので混乱は起きていないが、やはり猪木が出ないという予想をしたファンは多く、4200人（主催者発表）と不入りに終わっている（新日本の田コロ大会としては歴代最低数字）。当日、猪木は会場にも姿を現さず、記者団を前に坂口が以下のコメントを出している。

「今日の昼過ぎに猪木さんと会ってきました。まだ左脚がズキズキして、とても歩ける状態ではないし、熱も下がっていない。普通の人なら2カ月の絶対安静か、左脚切断というくらいの重症ですから、さすがに猪木さんでも簡単には回復しないでしょう。まあ、今の見通しでは、最低でもあと2週間は欠場しなければ無理だと思います」

これで猪木の「長期戦線離脱」は確定的となり、既に興行を買ってくれていた全国各地のプロモーターに対して「猪木が欠場しますが、なんとか（売り値段の）ディスカウントは勘弁してください」という営業活動が開始される。営業部隊にとっては、地獄の「土下座行脚」だ。田コロのあと、猪木が欠場した会場は以下の通りだった。

29日（足立区体育館）、30日（福島県いわき県事務所跡特設リング）、31日（宮城県岩沼市役所駐車場特設リング）、9月2日（秋田十文字町総合文化センター）、3日（山形県酒田市営体育館）、4日（新潟県上越市厚生会館）、5日（新潟県長岡厚生会館）、6日（新潟県小出郷体育館）、8日（福井市体育館）、9日（徳島市体育館）、10日（福岡県大木町民グラウンド）、11日（福岡スポーツセンター＝猪木が久しぶりにリング上から挨拶し19日の復帰を宣言、観衆は3800人と苦戦）、13日（山口県宇部市体育館）、16日（愛知県豊田市体育館）、17日（大阪市旧松原西小学校跡広場）、18日（京都イズミヤ長岡ショッピングセンター駐車場）。

「いや、このときは、売り興行の値引き要求には幾つか対応せざるを得ませんでした。猪木がいないのに、さすがに無傷というわけにはいかなかった。とにかく、いつから（猪木が）復帰してくれるのか、ハッキリしないので閉口しましたね」（新間）

この間、猪木はマスコミを遠ざけて取材にも応じなかった。9月2日には事務所で新間本部長が記者会見を開き、「10月9日、蔵前国技館で猪木がNWF世界ヘビー級選手権の初防衛戦を行います。

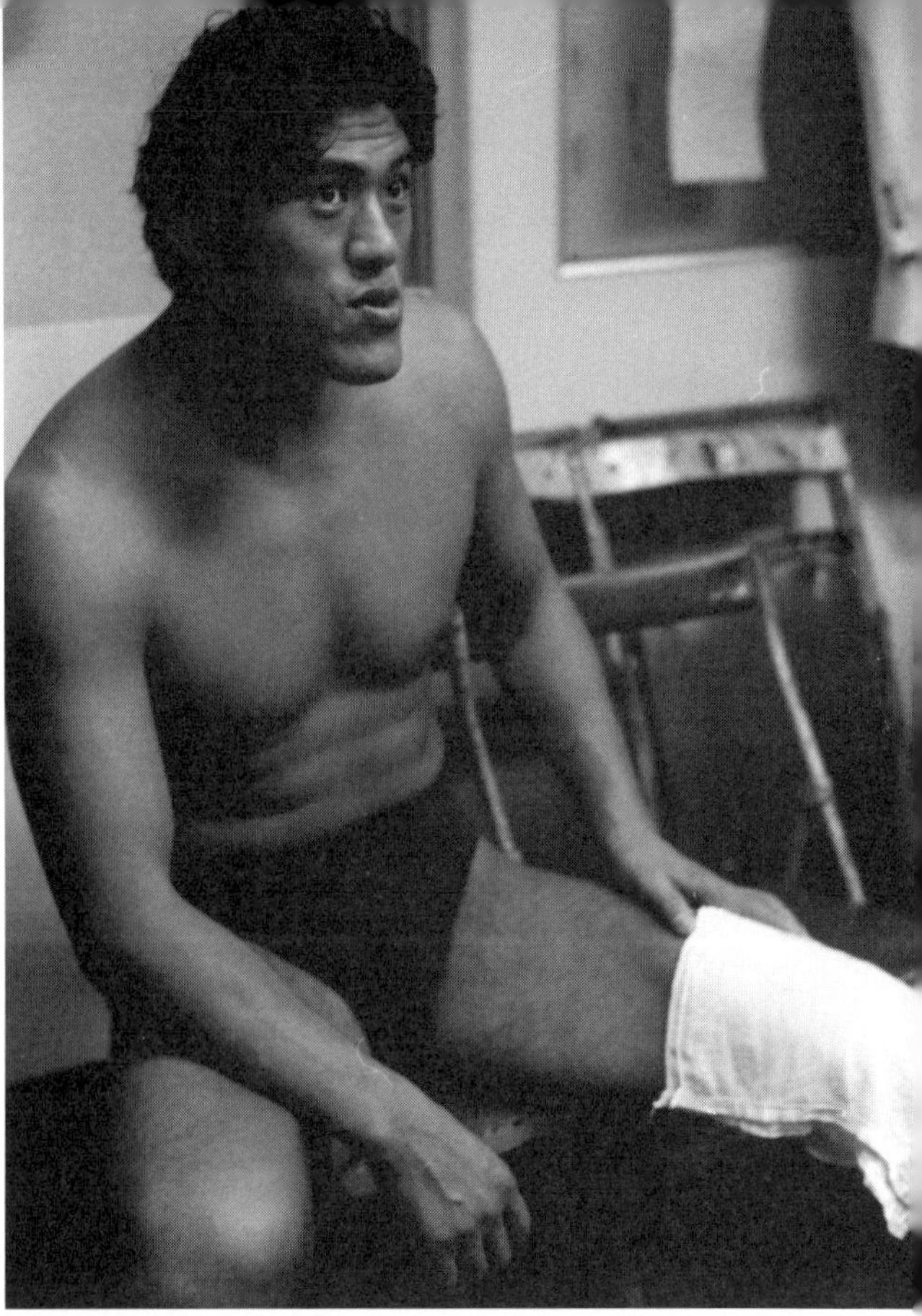

急性ビールス（ウィルス）性関節炎で3週間に及ぶ闘病生活を続けた猪木は、9・11福岡大会に来場した（写真は左膝をかばいながら練習する猪木）

挑戦者はルー・テーズに決定しました」と発表。しかし、当の猪木が不在なのだから、いくら饒舌な新間氏が「あの、力道山先生の目標だったルー・テーズが遂に…」とやったところで、質疑応答が盛り上がるわけがない。「シャベリ」では誰にも負けない新間氏も、このときは参ったそうだ。

東京スポーツは9月4日夜、猪木の自宅（マンション）がある南平台で「張り込み・突撃取材」を敢行している。テレビ解説をやっていた櫻井康雄氏と猪木のやりとりが、9月6日付の東京スポーツに掲載されている。猪木は実弟の啓介氏が運転するキャデラックで治療（浅草の菊屋橋病院）から戻ったところを「直撃」された。

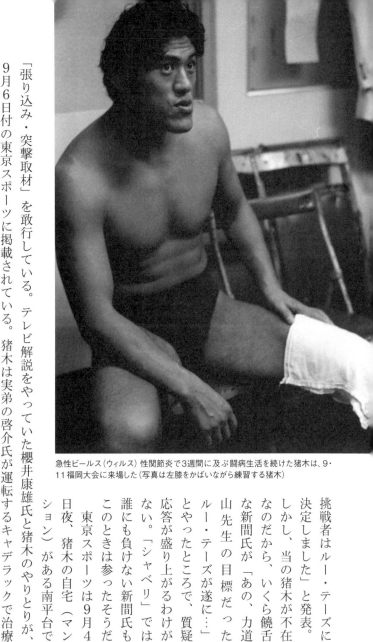

——家でうなっているかと思ったら、顔色もよく元気そうじゃないですか？

「元気じゃ悪い、という言い方ですね（笑）。上半身は至って元気、右脚も元気なんですが、左脚がまだどうにもならない。まあ取材を拒否しているから、『左脚切断だ』という物騒な噂が流れているのも知っていますが、そこまでの深刻さではない。確かに佐藤先生の診断では、もう少し手当が遅れたら切開しなければならなかったらしいが、そうなると年内一杯は試合が出来なかったそうですよ。発見が早くて命拾いしましたよ。今から部屋の中で刑部鍼灸医に治療を受けます。これも毎日やってますが、劇的に回復するという状態ではない」

——いつごろから復帰できますか？

「先生からはまだまだ運動を止められているんですが、自分としては11日の福岡（スポーツセンター）には間に合うように頑張っている。無理かなあ…。まあ、来週には練習を再開できそうだから、その感触次第だと思ってます」

——ハリウッド・ブロンドスとの決着戦も、9月22日の名古屋に決まったようですが。

「これは、私の脚が治るか治らないかにかかわらず、（ストロング）小林に任せようと考えています。あした、会社にその指示を出そうと思う。小林も好調だし、北米タッグの獲得に意欲を燃やしている。彼を信頼してピンチヒッターに出てもらう」

——10月9日には蔵前でルー・テーズとの防衛戦も発表されましたね。

「この試合だけは絶対に譲れない。テーズは入門した時からの憧れのレスラーだったし、この間ニュージャージーで直接会って契約をしました。一度は絶対にベルトを賭けて対戦しなければならないと考えていましたからね。まあ、北米タッグは小林に任せて、私はテーズ戦に集中させてもらおうかと思っています。ニュージャージーでテーズの試合を実際に見ましたが、筋肉の張りも素晴らしいし、59歳の今でも全く衰えていない。歴史に残るような試合をしてみせますよ」

この突撃取材から3日後、7日の夜に櫻井記者は再び上野毛の道場で「突撃パート2」を敢行。9月11日付の東京スポーツに猪木との会話が掲載された。

――今日から道場ですか？

「情報が早いですね。ここに来るのは3週間ぶりですよ。やっぱりマットの感触はいい。まだ左膝を激しく使う動きはできないが、ようやく蹲踞（そんきょ）もできるようになったし、屈伸もできる。先生からは、膝に熱がぶり返さないように注意を受けていますが、一旦汗をかいてしまうと、練習を止めるほうが苦痛になる（笑）」

――この感じだと、近いうちにリングに上がれそうですね？

「まだ左脚に重心をかけることは禁じられていますから、もう少し時間をください。中旬、15日以降には上がれるようにしたい。ここまできたら出来ない約束はしたくないのでね。とりあえず福岡（11日）のリングで挨拶とお詫びをして、途中経過を報告したいと思っています」

背広姿で福岡スポーツセンターのリングに上がった猪木は、「来週19日、千葉大会からリングに復帰します」と宣言。開幕戦（8月22日）から4週間にも及んだ「猪木不在のワールドプロレスリング」に、ようやく「主役」が戻ってくることとなった。

9月19日（第22戦＝千葉公園体育館）
30分1本勝負
猪木（11分13秒　体固め）ジャック・ルージョー
60分1本勝負
坂口（16分5秒　反則勝ち）ジェリー・ブラウン
60分3本勝負
S・小林、山本（2－1）バディ・ロバーツ、レイモンド・ルージョー
①小林（10分49秒　背骨折り）ルージョー　②ロバーツ（6分59秒　片エビ固め）小林　③小林（4分38秒　体固め）ルージョー

猪木の登場はセミファイナル前。夜8時の生放送開始と同時に「黒いロングタイツ姿」の猪木が登場したのだから驚いた。もちろん猪木のロングタイツはこれが初だったが、正確なことを書けば1965年11月、テキサス州からテネシー州にテリトリーを移動したときに、一回だけ「田吾作タイツ」を着用している。
「トージョー・ヤマモトという選手のタイツを借りてね、ニック・グーラス（グラス）というプロモーターの命令で一試合だけ田吾作をやらされましたね。恰好悪いので、それっきりにさせてもらった（笑）」（猪木＝2010年9月、DVD収録時のコメント）
この9月19日の黒いロングタイツについて、荒川誠氏に「あれは、荒川さんのを、猪木さんに貸

したのですか?」と聞いたことがあるが、「脚の長さが全く違うじゃないですか! 猪木さんが私のを履いたら、田吾作タイツになりますよ」と大笑いされたことがある。つまり、猪木のは完全な「ワンナイト限定の特注品」で、カムバック戦をセンセーショナルに見せるために予め発注しておいた「秘密コスチューム」だったようだ(まだ脚は完全に治ってはいない、という暗黙のアピールにもなる)。

相手となったフレンチ・カナディアンのジャック・ルージョーは1930年5月27日生まれの45歳。1969年から1974年にかけてモントリオール地区の最高権威であるインターナショナル王座に5度も就いており、王座を奪取した選手もジョニー・バレンタイン、ザ・シーク、タイガー・ジェット・シン、ジョニー・パワーズと超一流揃い。やや全盛期は過ぎていたものの肌の張りは衰えておらず、ランク的には文句なし「一流」の選手だった。1967年の日本プロレス「ダイヤモンド・シリーズ」にエディ・オーガー名義で初来日し、1973年10月には新日本の「闘魂シリーズ」に再来日して、NWAに加盟が許されていなかった時期の新日本に、(NWAの治外法権だった)モントリオール地区のレスラーを定期的に供給してくれていた「功労者」の一人だ。前半戦にエース格として特別参加していたジョニー・パワーズやハリウッド・ブロンドスの二人よりもレスリングの実力的には上で、カムバック戦の相手としては「難敵を選んでしまったな」との感を強く持った。

藤原と荒川に先導されて入場してくる猪木。〃闘魂〃と背中に書かれたロングガウンを着用してリングに上がったが、いつものような軽快なステップで「クルリ」と半回転しながら歓呼に応える定番ポーズは出ない。試合開始と同時にルージョーがエルボー・スマッシュで機先を制するが、猪木はアームロックで切り返してグラウンドへ。再びスタンドの攻防になったところ、パンチとみせかけてルージョーは猪木の左脚を取りトーホールド。相手の弱点を攻めるセオリー通りの動きだが、完治していない部分だけにエグい。猪木は苦痛に顔を歪めながらロープに逃げたが、まだまだベストには程遠い印象を残す。猪木はエルボー・スマッシュでルージョーを倒してキーロック。さらにボストンクラブからデスロックと繋ぎ、シクル・バックブリーカー（鎌固め）でギブアップを迫る。鎌固めは左脚で体重を支えるため長時間はポジションをキープできず、ギブアップを奪うには至らない。10分過ぎ、パイルドライバーを狙った

選手生命の危機を脱した猪木は9・19千葉のルージョー戦で復帰。ガウンを脱ぎ捨てると、現れたのは師匠・力道山ばりの黒いロングタイツだった！

復帰戦の相手であるルージョーはカナダ・マット界の大御所。猪木は左膝を攻められるなど苦戦を強いられながらも、最後はバックドロップで難敵を下した（9・19千葉）

ルージョーを肩車で返した猪木だったが、場外に落ちたルージョーが猪木の左脚をすくい、エプロンの角に叩き付けて逆襲。1回、2回、3回と激しく打ち付けられた猪木だったが、体を丸めるようにして激痛に耐え、リングサイドの女性客から「キャー！」という悲鳴が上がる。先にリング内に戻った猪木は、あとからエプロンに駆け上がったルージョーに右のナックルパンチ。2発目をダッキングでかわしたルージョーは、トップロープ越しに猪木をヘッドロックに捉えた。このチャンスを狙っていた猪木は、グーンと体を弓なりにしてバックドロップ。だが、左脚の踏ん張りが不十分のため空中でルージョーは上半身を反転させ、猪木の顔面にボディを浴びせて見事なカウンター。後頭部を打った猪木だったが、意地で立ち上がりドロップキック。これもクリーンヒットではなかったが、さらに2発目のバックドロップで追い打ちをかける。この投げは完璧に近く、11分13秒にようやくスリーカウントの奪取に成功した。

「完勝」というには程遠いフィニッシュだったが、ルージョーの実力を考慮すれば上出来だった。黒いロングタイツ姿の猪木は試合後にリング下に降りてインタビューを受け、次のように笑顔で語った。

「時々、左膝に痛みが走ったので焦った。バックドロップの一発目を失敗したが、勝ちを焦った結果だった。ルージョーを再起の相手に選んだのはキツかったが、弱い奴を相手にやっても意味がない。今夜は無理をしたから、また膝が少し熱を持つかもしれないが、もう大丈夫だ。ルー・テーズとのタイトルマッチに向けて、今から少しずつ調整します」

控室には佐藤三蔵ドクターが控えて猪木の膝を冷やしながら「あした診察してみないと何とも言えないが、今夜の動きを見た限りでは大丈夫でしょう。あと10日もあれば、左膝は元に戻ると思います」とコメント。こうして猪木は戦列に復帰し、「闘魂シリーズ」の残り15興行（9月20日から10月9日の最終戦まで）は全て出場している。

タイトルが宙に浮いていた北米タッグは、9月22日の愛知県体育館で王座決定戦が行われ、ブロンドスが坂口、小林から堂々の2フォールを奪取してベルトを巻いた（ここも名古屋の観客動員としては最低の2200人、ノーテレビ）。「やはり猪木でなければダメだ」の声に応えた猪木が、10月2日に大阪府立体育館に登場。坂口との黄金コンビでブロンドスを2対1で破りベルト奪回に成

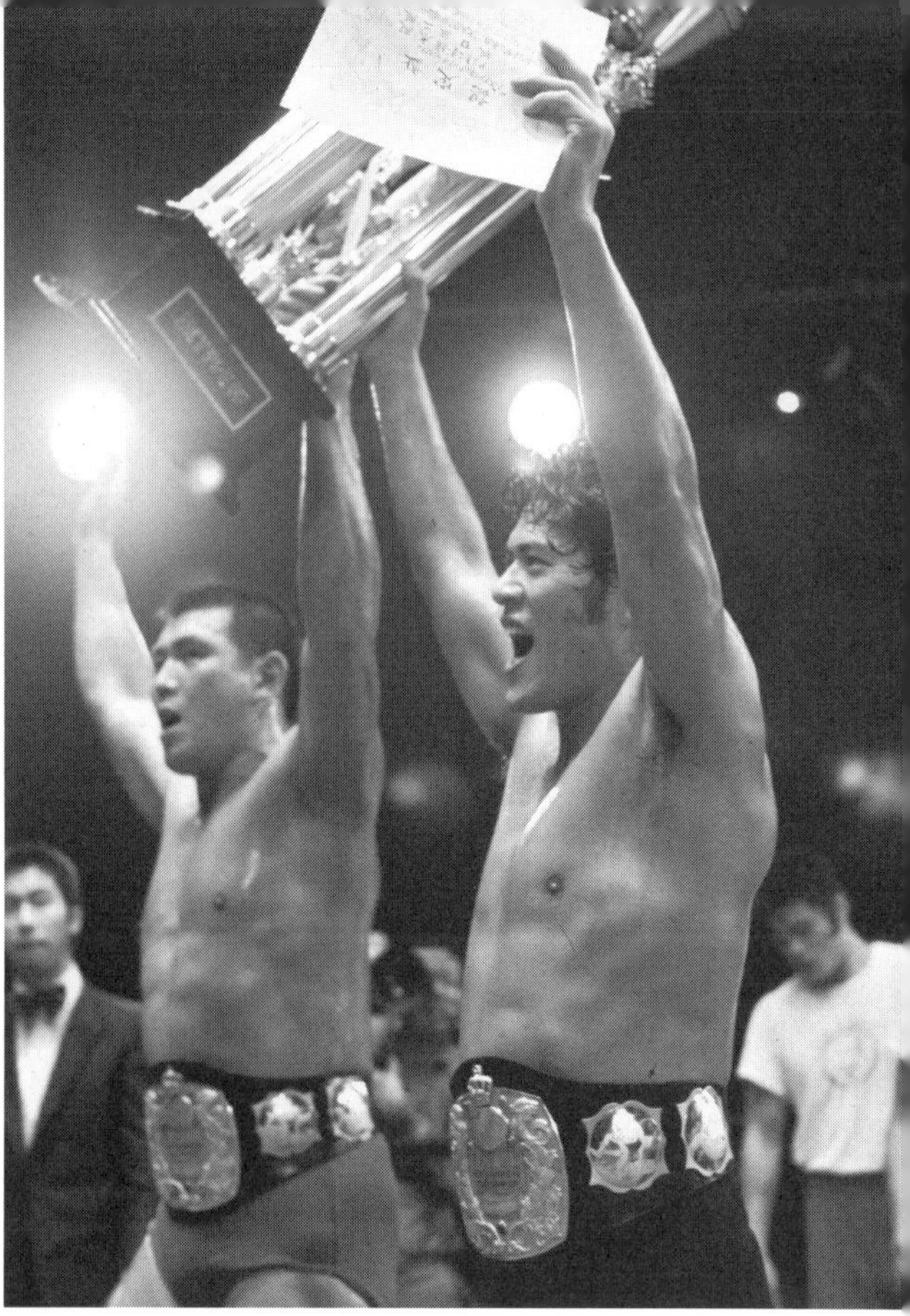

坂口&小林との王座決定戦を制して北米タッグ王座に就いたブロンドスに猪木&坂口が挑戦。2対1で因縁の相手からベルトを取り戻した（10・2大阪府立）

功し、ようやくロサンゼルスの復讐を果たしている。

　結果だけみると「猪木が4週間も負傷で不在となり、そのあと劇的なカムバック」という味気ない総括になってしまうが、今、スクラップ・ブックを見返しながらこの時のことを思い出してみると「新日本プロレスが一丸となって団結した、ベストに近いレベルのシリーズだった」記憶が蘇る。猪木が出場できなかった4週間の「ワールドプロレスリング」も内容は落ちておらず、むしろ試合内容は白熱していた。「リーダー不在」の時にこそ団体（会社）の真価が発揮されるのはプロレスに限った話ではないが、この秋の新日本はその典型例だったと思う。「名女房役」坂口征二の活躍

（右）アメリカマット界の伝説の大物アントニオ・ロッカは、現役時代は日本に来る機会がなかった。10・9蔵前の猪木 vsテーズの特別レフェリーとして初来日を果たした。写真は10月8日の浅草観光　（左）猪木戦に臨む59歳の鉄人テーズ（10・9蔵前）

も特筆される。空席が目立つ田園コロシアムでパワーズを倒した一戦（8・27）は、紛れもなく坂口の隠れたベストバウトだった。

●

10月9日の蔵前国技館、ルー・テーズとのNWF世界戦には、特別レフェリーとしてアントニオ・ロッカが初来日した。ロッカの年齢にはいまだに諸説があるが、最も有力である1921年説に基づけば当時54歳。まだまだ十分に現役として通用しそうな上半身の張りはシャツの上からも良くわかり、エキシビションでもいいから元祖・アルゼンチン・バックブリーカーを披露してほしかった。

試合は60分1本勝負で行われ、開始直後に猪木が不用意にテーズにヘッ

10・9蔵前でテーズと待望の一騎打ち。シングル対決は日本プロレスの若手時代以来13年ぶり。レフェリーはロッカと役者が揃った

試合開始直後、いきなりテーズの本家バックドロップが炸裂（10・9蔵前）

テーズは59歳と思えない動きで猪木と丁々発止の戦いを繰り広げた（10・9蔵前）

猪木もバックドロップで逆襲し、最後はブロックバスター・ホールドでテーズから値千金の3カウントを奪った。NWF世界ヘビー級王座防衛に成功（10・9蔵前）

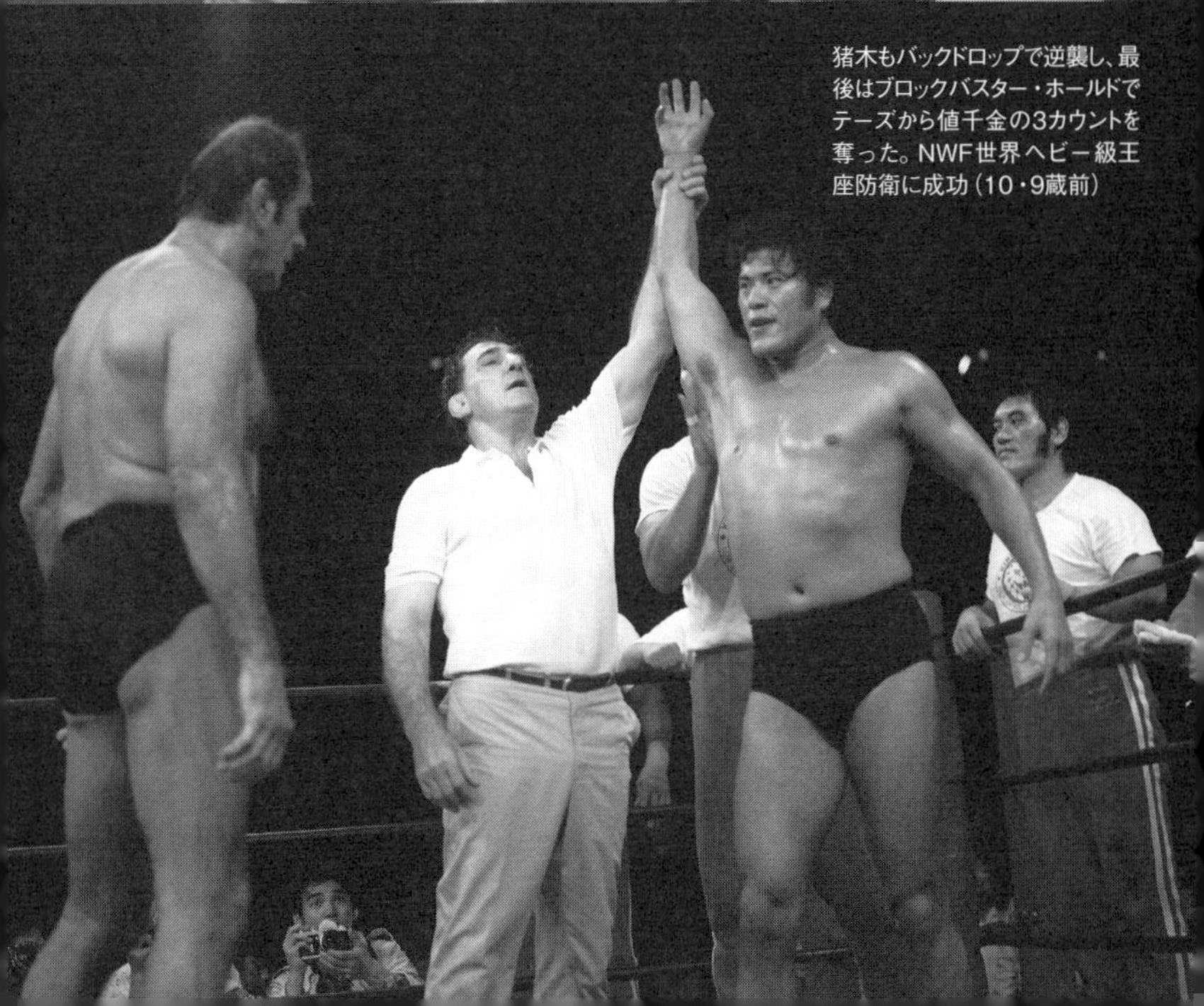

ドロックを仕掛けた瞬間、早くも〝元祖〟バックドロップが爆発した。

投げる孤が小さかったので後頭部への衝撃はさほどでもなかったが、猪木は自ら場外に逃げて呼吸を整えた（カウント19でリングイン）。この一発で場内は水を打ったように「シーン」となり、野次など飛ばせる雰囲気は全くなくなった。このあたり、まさに59歳の老雄テーズが「場内の観客を手の平に乗せている」という風情、余裕の為せる業だった。テーズをもってしても「試合開始直後に、最大の切り札を出してしまう」というのはもちろん冒険だっただろうが、このあと息もつかせぬ速さでハンマーロック、ダブル・リストロック、ＳＴＦ（当時はこの呼び方はなかったが）、払い腰、ドロップキックを次々と繰り出して32歳の猪木を圧倒。最後はロープ越しに猪木を再度バックドロップで叩きつけたが自らも後頭部を打ち、逆に猪木のバックドロップで投げられたあとにブロックバスター・ホールド（岩石落とし固め）を浴びて17分43秒、スリーカウントを奪われた。フィニッシュは猪木のブリッジが崩れたため消化不良の感が否めなかったが、館内を埋めた1万500人の観衆から不満の声は起きなかった。

高校3年生だった私は水戸から（午後の）授業をサボって常磐線の鈍行に乗り駆けつけたが、27も歳下の猪木を手玉に取ったルー・テーズの強さに対しては「感動」の一語しかなかった。今になってみると「猪木がテーズの凄みを全て引き出して、苦戦したが最後は勝った」という「猪木の凄み」も理解できるのだが、まだ当時の私（18歳）に、そこまで読み取る洞察力など備わっているはずもなかった。

国際プロレスのエースとして活躍した当代随一のテクニシャン、ロビンソンとの夢対決が実現＝NWF世界ヘビー級選手権、60分3本勝負（12・11蔵前）

闘魂シリーズ第2弾

ロビンソンの証言「夢対決が一度きりで終わった本当の理由」

10月24日（茨城・水戸市民体育館）から12月11日（蔵前国技館）までの期間に41興行（旗揚げ以来、ワンシリーズの興行回数としては最多）が開催され、ビル・ロビンソン（後半戦1週間のみ特別参加）、イワン・コロフ、ベアキャット・ライト、グレッグ・バレンタイン、ミスターX（ガイ・ミッチェル）、リッキー・ハンター、イワン・カラマゾフ、フィデル・カステロ、ラウル・カステロの9選手が招聘された（最終戦の12月11日、蔵前のNWF世界戦〈対ロビンソン〉には、ルー・テーズとカール・ゴッチも立会人として参加）。質、量と

12月11日、日本武道館では全日本&国際&百田家が力道山13回忌追善興行を盛大に開催。猪木は「ロビンソン戦こそ力道山先生の追善試合」と同時刻興行に対抗意識を燃やした

もに文句なしの豪華メンバーで、それまで「夢の対決」と呼ばれていた猪木とビル・ロビンソンの一騎打ちが実現するとあって、毎日夕方に水戸駅で東京スポーツを買って最新情報(特にロビンソン関連)を読むときの「期待感、ドキドキ感」も最高潮という感じだった。

この時点でビル・ロビンソンは37歳(1938年9月18日生まれ)。初来日(1968年4月=29歳)から見続けてきた私としては「スタミナ的にやや、ピークは過ぎたかな」という印象を持ったが、その分は試合運びが老獪になった

ことで十分補っており、総合力で採点すると、このあたりがまさに（プロレスラーとしての）ピークだったかもしれない。60分3本勝負の1本目は42分53秒、逆さ押さえ込みでロビンソンが先制。2本目は、残り試合時間わずか48秒に猪木が土壇場の卍固めを決めてタイスコアとし（16分19秒）、3本目は互いにパンチとエルボーの応酬であっという間にタイムアップとなった。文句なしの内容で、私は今でもこの試合が「アントニオ猪木の生涯ベストバウト」だと思っている。

猪木・ロビンソン戦が「一回ポッキリ」で終わってしまった理由については、いろいろな説がある。翌1976年の7月、ロビンソンは馬場（実際はブッカーのドリー・ファンク・ジュニア）の勧誘に応じて全日本プロレスに移り、以降は1985年10月に至るまでの9年間、全日本のレギュラーとして何度も来日し（合計17度）、1987年に49歳で現役を引退している。その後ラスベガスで警備員の仕事についたあと、1992年に日本のUWFインターナショナルから声がかかって、コーチ、立会人として何度も来日。1999年3月からは「スネークピット・ジャパン」（宮戸優光氏主宰）にヘッドコーチとして招かれ、2012年まで高円寺に長期滞在したので、「猪木戦が一回だけで終わった真相」についてはタップリと聞く時間があった。要約すると、次のようになる。

「猪木戦のあと、私はフロリダ地区のエディ・グラハムのところに転戦した。新日本の仕事を終えて帰国するとき、ミスター新間から〝また近いうちに呼びたい〟と言われたが、アメリカに戻った

日英を代表するテクニシャンの2人は、60分間にわたって手に汗握る技の攻防を繰り広げた（12・11蔵前）

ロビンソン戦は猪木の生涯ベストバウトとの呼び声が高い（12・11蔵前）

1本目は激しいグラウンドでの攻防の末、42分53秒、逆さ押さえ込みでロビンソンが先制（12・11蔵前）

ロビンソンはジャーマン・スープレックス（写真）、ダブルアーム・スープレックス、サイド・スープレックスなど持ち前の華麗な投げ技を次々に披露（12・11蔵前）

タイムアップ寸前、残り試合時間わずか48秒で2本目を奪い返した卍固めは猪木史上に残る名場面だった（12・11蔵前）

3本目は猪木のドロップキック、ロビンソンのエルボーが入り乱れ、あっという間に60分フルタイムドロー（12・11蔵前）

猪木 vsロビンソンの対決は、一回限りで終わった。写真は、決着がつかず興奮するロビンソンをいさめる立会人のゴッチとテーズ（12・11蔵前）

あとは、全く連絡がなかった。5月頃にアマリロのドリー・ファンク・ジュニアから電話があり、〝ニュージャパンに行ったときよりも高いウィークリー・ギャランティを出すから、オールジャパンに来てくれないか？　長期契約にするから〟と誘われたので、私は一応、タンパのカール・ゴッチに連絡を入れて、〝オールジャパンからオファーがあった。受けるつもりだ〟と言った。ゴッチは〝ニュージャパンに連絡する〟と言っただけで特段、私を引き留める意思はないようだったし、馬場は10年の長期契約に応じてくれた。私はフロリダの仕事を切り上げて、7月（4日）からオールジャパンのシリーズに参加した」

ロビンソンが、この時期の新日本プロレスの内部事情に精通していたとは思えない。ロビンソンの帰国後、猪木と新間（ゴッチも然り）は、ウィリエム・ルスカ戦（1976年

2月6日）、モハメッド・アリ戦（6月26日）にかかりきりで、ロビンソンとの再契約交渉に費やす時間がなかったのだ。これは断定してよい。「ニュージャパンは誠意がないな」と感じたロビンソンがドリー（馬場）の誘いに応じたのは、当たり前の話である。猪木・ロビンソンの名勝負は、こうして二度と再現されることはなく終わっている。これを読まれている方は「なあんだ、そんなことが理由だったのか」と思われるかもしれないが、真相とは、得てしてそんなものである。個人的な感想を付け加えさせていただければ、ロビンソンを（約束通り）10年間（1976年〜1985年）も定期的に招聘し続けた馬場は、プロモーターとして素晴らしいと思う。ロビンソンが口にした「契約」は、書類をかわしたわけではなく、口頭によるものだったという。さすが馬場、である。

猪木はロビンソンとの死闘を終えた2日後、美津子夫人と坂口、新間マネージャーを帯同し、羽田空港からニューヨークに出発。15日（現地時間）にマジソン・スクエア・ガーデン初登場を果たして、バックドロップでフランク・モンテに快勝している（8分43秒、体固め）。そのあと19日にはロサンゼルスのオリンピック・オーデトリアムでインフェルノス2号、3号の挑戦を受け北米タッグ王座の防衛にも成功し（2対0でストレート勝ち）、26日に帰国。年末、年始は赤坂のマンションで久しぶりに親子水いらずの静かな休日を過ごした。

1976年（昭和51年）

ルスカ戦、アリ戦で世間・世界を大いに賑《にぎ》わす!

新春黄金シリーズ

「プロレスに市民権を」という悲願をルスカ戦で果たす

1月2日（埼玉・越谷市体育館＝生中継）から2月6日（日本武道館）の期間に28興行が開催され、タイガー・ジェット・シン、ブルータス・ムルンバ、インフェルノス2号、インフェルノス3号、オットー・ワンツ、スチーブ・ライトの6選手が招聘された。私は当初、「最終戦の日本武道館で、猪木とシンのNWF戦は確実だろうな。既に決着がついているから、よほど話題を作らない限り、武道館の満員は難しいだろうな」と軽く考えていた。それを一気に覆したのが、1月7日（水曜日）の『朝日新聞』朝刊だった。それまで「あらゆる一般新聞」の中で最も「アンチ・プロレス」（というか、扱わない。扱うときは邪悪なジャンルの代表格としての酷評のみ）で知られていた「天下の朝日新聞」が、なんと、プロレスで「世紀のスクープ」をしてしまったのだから仰天した。ス

1月7日、帝国ホテルで柔道五輪2階級金メダリスト・ルスカとの対戦決定を電撃発表。ルスカが「私はチーズを食っているから強い」と言うと、猪木も「俺は納豆を食っているからスタミナがある」とやり返す一幕も

ポーツページのコラム欄でウィリエム・ルスカの裸の写真と共に「ミュンヘン五輪の柔道で重量級、無差別級の金メダリストになったオランダのルスカが6日、プロレス転向を表明。2月6日にさっそく武道館でアントニオ猪木と対戦する。ルスカは『モントリオール五輪で金メダル獲得は確実だが、柔道だけでなく格闘技の世界一になりたい』と3日、オランダで突然引退を発表、その足でプロレスの盛んな日本にやってきた」と伝えた。

当時17歳の私は、水戸市五軒町2丁目（現在、水戸芸術館になっている土地の隣接地域）の実家に両親、兄、祖母と暮らしていたが、生まれてこのかた、家では（なぜか）一貫して『朝日新聞』しか取っていなかった。朝起きてテレビ欄とスポーツ欄をチェックするのがルーティンだったが、スポーツ欄に「アントニオ猪木」の名前が掲載されていたのはお

1月9日、日本大学レスリング部道場でルスカの公開スパーリングを開催。当時1年生で同部所属の谷津嘉章とのスパーも実現した

そらく（少なくとも私が生まれてからは）初めてで、しかもルスカと2月6日の日本武道館で対戦するというのだから個人的には「大事件」だった。日本武道館は、最初から（猪木・シンではなく）このカードを組むことが決まっていたのだろうが、それにしても4年前のミュンヘン・オリンピックで重量級と無差別級の2冠を制覇した「柔道王」ルスカの名前は余りにも意外であり、私は「アントン・ヘーシンク（東京オリンピックの柔道無差別級金メダリスト）のプロレス転向（全日本プロレス）は失敗だったけど、ルスカは体型的にも向いている」と感じ、改めて猪木・新間コンビのスカウト網に感服した。

2000年以降になって、新間氏にこの『朝日新聞』記事について語ってもらったことがある。

「朝日が記事にしたことは、ウチも全く知らされていなかった。７日に帝国ホテルで記者会見をやるので、東京スポーツの櫻井（康雄）さんには『夕刊のトースポさんに間に合うように、午前中に早めに記者会見を始めるから、安心して』と言ってあった。それなのに、朝日の朝刊に出てしまったから驚いた。時差の関係で、一般紙がヨーロッパで６日夕方までにキャッチした案件を日本にスクープする場合、ギリギリ、日本の朝刊の印刷時間には間に合う。ルスカが６日夕方に現地（オランダ）の記者にしゃべったことが、朝日の欧

（上）2月1日、ルスカが日大レスリング部道場で再び公開スパー。練習パートナーのサンボ王者クリス・ドールマンを相手に技を披露　（下）1月26日、帝国ホテルで猪木vsルスカの調印式

州支局経由で日本の朝日新聞に（深夜に）届いてしまった、ということです。櫻井さんには気の毒なことをしたが、ウチとしたら嬉しい誤算で、前売り券が初日から飛ぶように売れた。天下の朝日が書いてくれたのだから、その宣伝効果は考えられないくらい大きかった」

猪木の「格闘技世界一決定戦シリーズ」は、こうして偶然にも『朝日新聞』の強力な〝バックアップ〟を得て発進した。

1月9日に日本大学のアマ・レスラー（大学1年だった谷津嘉章もいた）とのスパーリングを公開したルスカは、翌日に一旦オランダに帰国し、故郷イーダムで特訓に入った。このときにパートナーになっていたのが、のちに前田日明のライバル、盟友として日本のリングでも大活躍したサンボの王者クリス・ドールマンである。

猪木はルスカ戦のみに集中できるわけではなく、新春シリーズに出場しながらの調整だから大変だった。1月29日の大阪府立体育館ではT・J・シンと時間無制限1本勝負で対戦し、20分1秒に反則勝ち。しかし、顔面をサーベルで殴られて鼻の上部を7針、左まぶたを5針の計12針縫う裂傷を負わされ、ルスカ戦を8日後に控えて大変なハンディを背負った。普通のレスラーならば「延期もやむなし」のところだが、猪木は「このくらいの傷で休場するわけにはいかない。ルスカ戦までに抜糸は無理だそうだが、この部分を攻撃されなければ大丈夫だ」とコメントして、終始強気な姿勢を崩さなかった。この鼻の傷痕は、猪木が亡くなるまで（ウッスラとではあるが）消えることはなく、猪木の顔がテレビや雑誌でアップされるたびに、私は「あのルスカ戦の直前の傷だな」と思い出したものである。芸能人であれば「美容整形」で消せる傷だったろうが、猪木にとっては「格闘技世界一決定戦シリーズに突入する直前の、記念すべき名誉の傷痕」として残しておきたかったのかもしれない。

2月6日のルスカ戦はスリル満点の名勝負で、最後は20分35秒、猪木がバックドロップの3連発でTKO勝ち。終始アマチュアっぽい動きが目立ったアントン・ヘーシンクとは違って、ルスカは

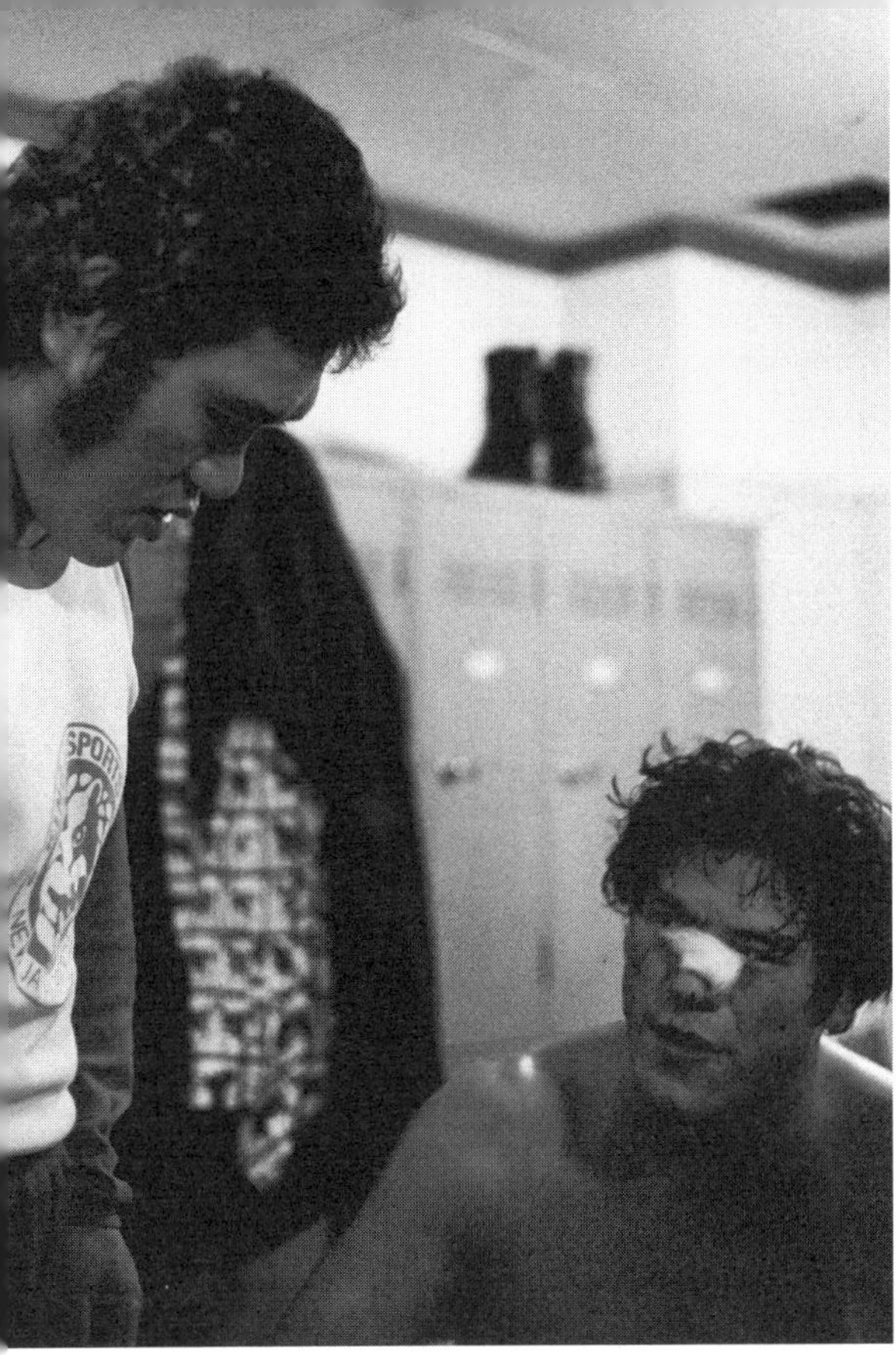

大事なルスカ戦を目前に控え、1・29大阪府立でシンのサーベル攻撃を浴びて、鼻と左まぶたに計12針を縫う裂傷を負ってしまった

「プロデビュー初戦」から大胆な大技をふんだんに使って猪木を苦しめた。猪木にとって最大のピンチは、エアプレン・スピンの態勢で持ち上げたところを、逆に頭上で腕ひしぎ十字固めで逆襲され、そのまま寝技の態勢に持ち込まれた場面だったろう。ロープブレイクのルールがあったから助かったが、それがなければ間違いなくギブアップ、我慢していたら骨折は避けら

プロレスが勝つか、柔道が勝つか？　2・6日本武道館で柔道王ルスカを相手に、初の異種格闘技戦を敢行

“赤鬼”の異名どおり、気迫満々の形相で猪木に襲い掛かるルスカ。試合が始まるや、ルスカは柔道技を駆使して攻め立てた（2・6武道館）

ルスカが豪快な払い腰で猪木を投げる（2・6武道館）

猪木の胴体を両足でロックして、裸絞めで追い込むルスカ（2・6武道館）

エキサイトしたルスカは柔道着を脱ぎ捨てて、上半身裸でファイト。猪木を腕ひしぎ十字固めに捕らえる（2・6武道館）

猪木はプロレス技で反撃。コブラツイストが決まったかに見えたが、ルスカは腰投げで辛うじて脱出(2・6武道館)

猪木はエアプレン・スピン（写真）、張り手、ストンピングなど、プロレス技の洗礼をルスカに浴びせる（2・6武道館）

最後は猪木がバックドロップ3連発。ルスカのセコンドのドールマンがタオルを投入し、猪木がTKO勝利（2・6武道館）

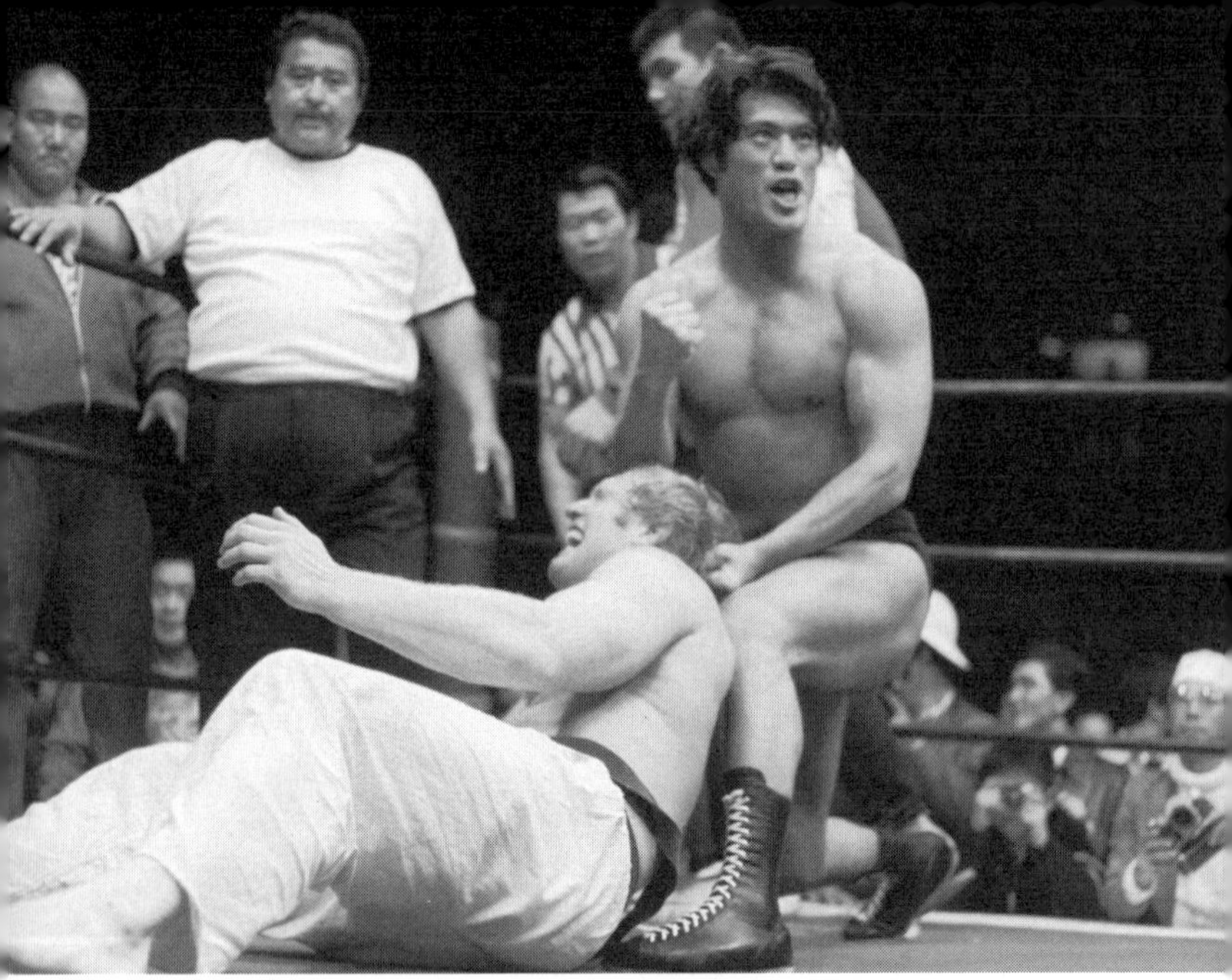

ルスカ戦は世間的に高い注目を集めた。「プロレスに市民権を」という猪木の悲願が叶った（2・6武道館）

れなかった。翌日の『サンケイスポーツ』だったと記憶するが、この腕ひしぎのシーンについて会場にいた柔道の有段者からの「完璧に腕が極まった状態なのに、（猪木が）ロープブレイクにいける余裕があったはずはない。ルスカは意図的に力を抜いて、猪木に見せ場を作ってやった」という批判的なコメントが掲載された。当時の私は「負け惜しみ言ってやがる。猪木の関節は、普通のレスラーとは違う」と思っていたが、このあたりの機微は、リング上にいた猪木とルスカにしかわからない。

いずれにせよ、それまでのプロレスの試合では「レスト・ホールド（休憩技）」の範疇でしかなかった腕ひしぎ十字固めは、この一戦を境に「とんでもなくスリリングなフィニッシュ・ホールド」へと脱皮して、現在に至る。

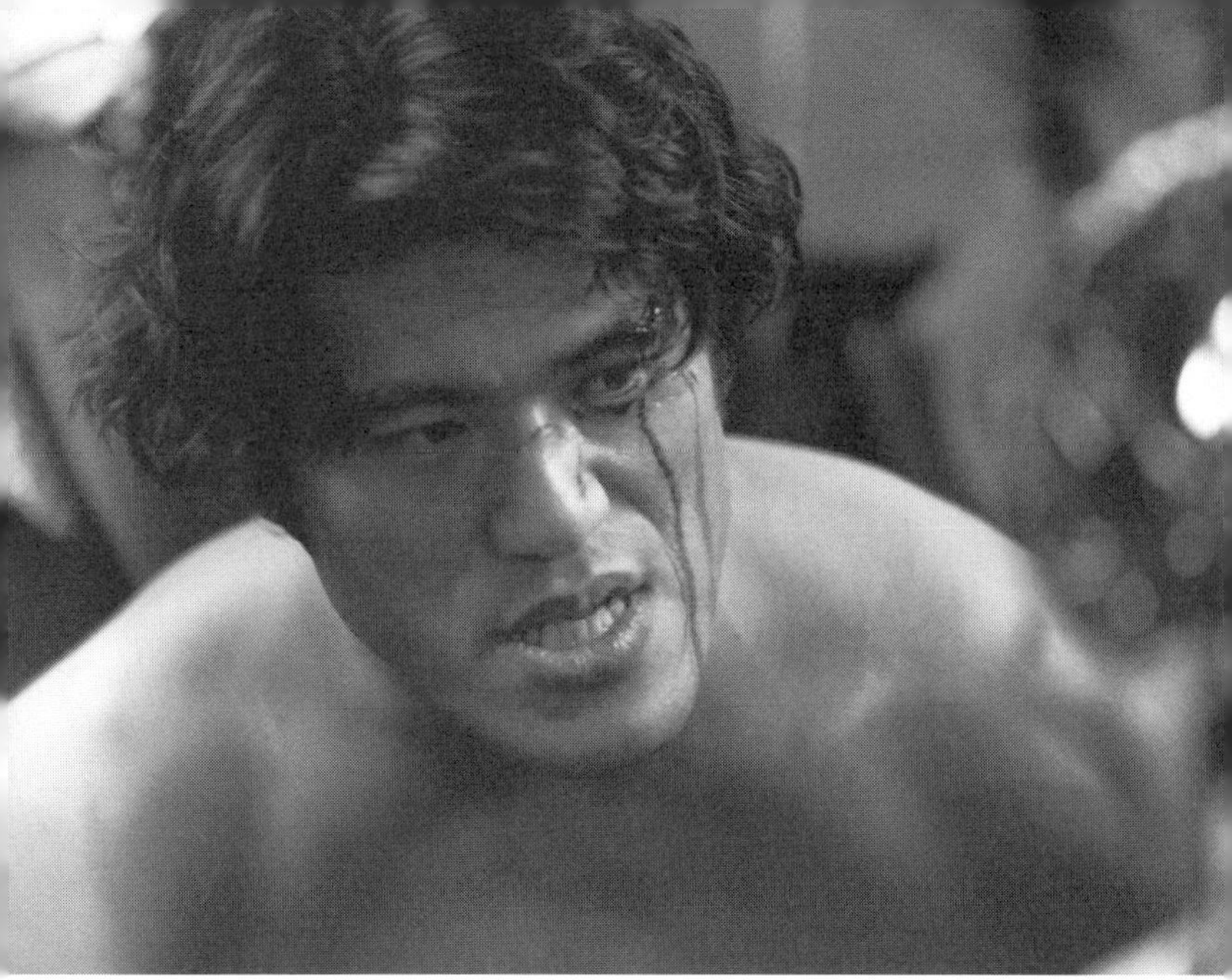

ルスカに勝利後、控室でインタビューを受ける猪木。試合中、シン戦で縫った左まぶたの傷が開き、血が流れ落ちていた

2月11日の『朝日新聞』朝刊（20面のラジオ・テレビ欄）には、1月7日に続いて、なんと猪木が「2度目の朝日登場」である（しかも今回は猪木の顔写真付き！）。「抗議あびた中継カット」というタイトルで、ルスカ戦の視聴率が36・7％とプロレス中継では記録的な高さで、番組終了直前には41・0％にも達したこと、さらに試合終了前に中継が終わったためNETに抗議の電話が200件も来たという〝社会現象〟について書かれてあり、私はこのコラムを見て、胸がすく思いだった。猪木が事あるごとに主張していた「プロレスに市民権を」という悲願が、このコラムで「ホンの少し」は達成したような気分だったのを覚えている（まあしかし、6月のアリ戦を、朝日新聞は〝茶番劇〟と書いて、元のアンチ・プロレス旗頭に戻るのだが）。

アリに挑戦状を渡してから9カ月後の3月25日、ニューヨークのセンチュリー・プラザ・ホテルで調印式にこぎつけた。猪木は紋付袴姿で臨んだ

ビッグ・ファイト・シリーズ

猪木、アンドレと対面したアリの反応は？

2月20日（大田区体育館）から3月18日（蔵前国技館）までの期間に20興行が開催され、ジョニー・パワーズ、エル・ゴリアス、ブラック・ゴールドマン、マイク・スターリングス、ロン・スター、ドン・セラノ、マンマウンティン・カノンの7選手が招聘された。猪木は新春シリーズで北米タッグ王座を返上したため（代わりにストロング小林が坂口と組み、2月5日の札幌大会でシン、ブルータス組に勝って新王者となる）、このシリーズからはNWF世界ヘビー級王座防衛戦に専念。最終戦の蔵前でパワーズが2年ぶりに王座奪還を期して挑戦したが、猪木との実力差はかなり開いており、1対2で完敗している（1本目

3月25日の調印式（ニューヨーク、センチュリー・プラザ・ホテル）には、猪木 vsアリの同日にニューヨークで異種格闘技戦を行うアンドレ・ザ・ジャイアントとプロボクサーのチャック・ウェップナーも参加

は両者リングアウト、３本目は猪木の卍固めでギブアップ）。猪木は２月28日の愛知県体育館でパワーズとノンタイトルで対戦し、12分45秒に反則負け。同じく３月12日の群馬・高崎市体育館では16分47秒に反則勝ちするなど、蔵前の本番に向けて何度も前哨戦をやって盛り上げようと努力を繰り返したが、もはやパワーズに「番狂わせ」を期待できる迫力は失せており、全体的に低調なシリーズに終わった感は否めない。

シリーズ後の３月23日に渡米した猪木は、25日にニューヨークの「センチュリー・プラザ・ホテル」でモハメッド・アリ戦（６月26日、日本武道館）の調印式に臨んだ。アリに挑戦状を叩きつけてから１年、新間本部長との二人三脚で遂に夢を実現した猪木は、黒のシックな着物（和装）姿で堂々と登壇。アリが「オマエのアゴは、まるでペリカンだ！」と侮蔑を込めた挑発を繰り返したが下手に乗ることなく、終始笑顔で受け流した姿には余裕を感じた。

この調印式をセットアップしたのはＷＷＦのボス、ビンス・マクマホン（・シニア）で、マクマホンは試合当日（現地時間の６月25日）にニューヨークのシェイ・スタジアムで猪木・アリ戦をクローズド・サーキットで衛星中継（当時の呼称は宇宙中継）するほか、同じ日にアンドレ・ザ・ジャイアント対チャック・ウェップナー（ヘビー級のプロボクサー）のミックスド・マッチの実現も発表した。会場にはアンドレ、ウェップナーも姿を見せたが、アンドレの巨体を初めて見たアリは「泣きそうな顔」をしながらアンドレと掌を合わせて「イノキとはやるが、お前とはやりたくない」とおどけ、詰めかけた報道陣を笑わせた（これは間違いなくアリの本音だったろう）。猪木・アリ戦とアンドレ・ウェップナー戦、更にはブルーノ・サンマルチノのＷＷＷＦ戦（この時点ではカード未定）を加えて大きな収益を目論んだマクマホンだったが、その野望は意外な結末に終わった（それについては詳しく後述する）。

第３回ワールドリーグ戦

ワールドリーグ決勝戦を棄権し、坂口にモラレス退治を託す

４月２日（川崎市体育館）から５月13日（大阪府立体育館）までの期間に33興行が開催され、ペドロ・モラレス、ビクター・リベラ、キラー・カール・クラップ、タワリング・インフェルノ（ニール・グエイ）、ラウル・マタ、ケン・マンテル、ブッチャー・バションの７選手が招聘された。この第３回大会は「前年優勝者の猪木は、自動的に決勝戦にシード」され、決勝の猪木の相手を決めるために、リーグ戦参加14選手が総当たりで対戦するスキームで進められた（日本側は坂口、小林、斎藤、星野、山本、木戸、永源の７人）。前年に「猪木を含む全参加レスラーの総当たり」が実現

新日本初参戦の元WWWFヘビー級王者モラレスとタッグ対決（4・2川崎）

していただけに、このスキームは消化不良で面白味に欠けた。案のじょう、実力と格で他の選手を上回るモラレスが最初から独走してポイントを重ね、4月が終わった段階でほぼ進出の権利を得たように思えた。ところが、テレビ生中継があった5月7日（香川・高松市民文化センター＝生中継）でハプニングが起きた。セミファイナル（猪木、星野対リベラ、マタ）にクラップが乱入し、場外で猪木の左肩を鉄柱に叩きつけて猪木に負傷させてしまう。

猪木は控室で応急手当を受け、大事には至らなかったが、「このコンディションで決勝を戦うのは無理。決勝は棄権する」と会見し、既に決勝戦（5月11日、東京体育館）の前売り券を購入していた私をガッカリさせてくれた。私にとっては上京（大学進学）後はじめてのプロレス生観戦だったので、「猪木さん、それはないよー」との気分だっ

猪木戦を前に、アリはプロレスラーとエキシビションマッチを敢行。6月10日、シカゴのインターナショナル・アンフィシアターではバディ・ウォルフと対戦した。レフェリーを務めたのはバーン・ガニア（左端）

たが、さりとてアリ戦（6月26日）を控えている大事な身であり、「ワールドリーグ優勝という目先の目標は、今回は捨てても仕方ないかな」との気持ちもあった（猪木は負傷したが欠場するわけではなく、最終戦まで試合には出場）。その結果、予選でポイント合計2位となった坂口が決勝進出を果たし、モラレスと対戦。おそらく坂口のシングル戦においては「生涯ベストバウト」と言っても過言ではない内容で辛勝し（25分38秒、リングアウト勝ち）、ワールドリーグ戦初優勝を成し遂げた。東京体育館は8割以上の客で埋まっており（発表は8500人）、この会場に入るのは初めてだった私は、蔵前国技館、両国日大講堂とは一味違う「なんとなく高貴なムード」の会場で名勝負に酔いしれた（猪木はセミファイナルに登場して、リベラにバックドロップで快勝）。

ゴールデン・ファイト・シリーズ

猪木は試合欠場、アリは〝予行演習〟

5月28日（後楽園ホール）から6月17日（栃木・佐野市民会館）までの期間に17興行が開催され、ジェリー・ブラウン、バディ・ロバーツ、ジェフ・ポーツ、ピート・ロバーツ、チャーリー・フルトンの5選手が招聘された。猪木は開幕（ロバーツにバックドロップで快勝＝生中継）から第4戦（6月1日、秋田県五城目町）までのみ出場し、それ以降のシリーズ（13興行）はアリ戦に備えて欠場した。このときはシリーズ前から「猪木は出ない」ということを（地方の）プロモーター連に告知済みだったので混乱はなく、坂口と小林を中心に北海道、東北サーキットを消化している。アリも6月に入ってからアメリカでゴリラ・モンスーン、バディ・ウォルフ、ケニー・ジェイらを相手に「プロレスラーとの実戦」を行っていたが、これらはビンス・マクマホン、バーン・ガニアがそれぞれニューヨーク、シカゴで開催するクローズド・サーキット興行（後述）の前景気を盛り上げるためのキャンペーンで、内容的には完全なエキシビションだった。まだ猪木戦についてのルールは全く決まっていない段階であり、アリ陣営にとっては「まあ、イノキともこんな感じで、派手に5ラウンドくらいやればいいんだろうな」程度の認識で「予行演習」をやっていたに違いない。

格闘技世界一決定戦（6月26日＝日本武道館）

全米を沸かせたアリ戦と「格闘技五輪」の全貌

猪木・アリ戦（15ラウンド引き分け）の試合については、これまでの書籍、雑誌で書き尽くされた感があるので、本書では、アメリカで開催されたクローズド・サーキット興行の全貌に焦点を絞り、猪木・アリ戦のスケールがどれほど大きなものだったか、全米でいかに注目されたかについてイベントの視点から書き残しておきたい。２０１７年にベースボール・マガジン社から発売されたムック『日本プロレス事件史　Ｖｏｌ．30　黄金時代の衝撃』に私が書いた原稿を抜粋して再録する。

●

１９７６年３月25日（木曜日）、ニューヨークの「プラザ・ホテル」で猪木・アリ戦が正式に調印されて以来、アメリカのプロレス専門各誌や一般新聞（スポーツ欄）は盛んに「過去の"Fist or Twist"」特集を組んだ。フィスト（＝拳）はボクシングを意味し、ツイスト（＝捻ること）はレスリングを意味する。韻《いん》を踏んでいるだけに一般的に流布していた表現で、アメリカでは「ボクサー対レスラー」という見出しよりもポピュラーだった。

それまでの歴史において「現役のボクシング世界王者」アーチー・ムーアが登場したことはあったが彼は「ライトヘビー級王者」であり、「キング・オブ・キングス」の称号が与えられていた「ヘビー級王者」ではなかった。まだＷＢＡやＷＢＣのように複数の認可団体が出現する前（つまりプロボクシング界には、フライからヘビーまで世界王者はわずか8人しかいなかった時代）であり、「ライトヘビー級王者」であっても世間に与えるインパクトは相当なものがあったにせよ、相手となったレスラーは世界王者ではないため、全国規模の話題を集めたわけではない。ちなみにこのアーチー・ムーアは1960年代の後半にマイク・マザーキ（マズルキ）と一緒に「カリフラワー・アレイ・クラブ」（プロレスラーとプロボクサーのOB組織）をスタートさせた功労者で、プロレス界にも友人が多かった。王座を陥落したあとはロサンゼルスに住んでいたために、オリンピック・オーデトリアムで開催されていたプロレス興行には特別レフェリーとして招聘される機会も多かった。もう一人、プロレスラーとのミックスド・マッチを頻繁にやったのはヘビー級のジョー・ウォルコットである。ウォルコットはエザート・チャールスをKOして世界王者となり、ロッキー・マルシアノにKO負けするまでヘビー級を盛り上げていた。知名度は抜群で、引退後にプロレス界と関わったという点では1980年〜90年代のレオン・スピンクスと双璧だったろう。いずれにせよ猪木、アリのような「互いが肉体的なピーク」にある「王者同士の対決」というケースは空前（絶後）であり、それだけに猪木・アリ戦はアメリカのマスコミでも大いに話題となった。

では本論の「6・25」に入っていこう（時差の関係でアメリカ各地では「6・25の夜」の興行となった）。クローズド・サーキット（劇場放映＝パブリック・ビューイング）方式で放送された関係から東京の猪木・アリ戦は日本時間の26日の午前11時50分ゴング、「真昼の決闘」となったが、夜の試合に馴れていた猪木にとっては、コンディション的に微妙に影響したであろう。

まず、この6・25のビジネス・スキームについて簡単にまとめると次のような概要になる。ポイントは「現金のフロー・チャート（受け渡し）」だった。

1.「クローズド・サーキット」に関する元締めのプロモーターはアリ側の「トップランク・インコーポレイテッド」社（社長はボブ・アラム）。プロレス側のプロモーター（下記9地区）は、このトップランク社に対して劇場、映画館における入場料を直接、「上納」した（マクマホンを経由したわけではない）。

2.プロレス側の営業責任者はニューヨークのビンス・マクマホン・シニア（以下、マクマホンと略）で、マクマホンはトップランク社との間に「アンドレ・ウェップナー戦にかかる経費と手数料」、および「全米各地の売り上げが一定金額をクリヤーしたら、それ以上の金額についてはパーセンテージ」を受け取る契約を締結。

3.マクマホンは「猪木・アリ戦」と「アンドレ・ウェップナー戦」を合体させ、この2試合をNWA、AWAの希望プロモーターに「配給」する役割を担当。

「クローズド・サーキット」という方式は1970年代に入ってから急速に広まっていったもので、格闘競技で「最初に大当たりした興行」がモハメッド・アリ対ジョー・フレイジャーの世界ヘビー級選手権（1971年3月、MSG）だった。要するに「この試合は、一般の家庭用テレビでは見られないのですよ。見たければ、最寄りの映画館か劇場に来て金を払いなさい」というもので、1980年代後半から一般家庭（ケーブル・テレビ）に普及した「ペイ・パー・ビュー」の先駆的

猪木 vsアリと連動して、同時間帯にアメリカ各地の団体がビッグマッチを開催。各会場や映画館で、猪木 vsアリ戦や注目の試合をスクリーンで衛星中継する「クローズド・サーキット」が開催された。ライブの試合とクローズド・サーキットを組み合わせたこの一大イベントは日本で「格闘技五輪」とも呼ばれた。写真は6・25ニューヨーク、シェイ・スタジアム大会のプログラム。WWWFの看板カード・サンマルチノ vsハンセンと共に、猪木 vsアリ（スクリーン上映）もしっかり紹介されている

TONIGHT'S OFFICIAL LINE-UP

FRIDAY, JUNE 25TH, 1976

EXCLUSIVE CLOSED CIRCUIT PRESENTATION

World Martial Arts Championship - Live from Tokyo, Japan

MUHAMMAD ALI 225 pounds, Louisville, Ky.	vs.	ANTONIO INOKI 240 pounds, Japan

---

Live Matches from Shea Stadium in New York:

World Wide Wrestling Federation Heavyweight Championship:

BRUNO SAMMARTINO 250 pounds, Abruzzi, Italy	vs.	STAN HANSEN 312 pounds, Texas

---

Special Martial Arts Event:

CHUCK WEPNER 230 pounds, Bayonne, N.J.	vs.	ANDRE THE GIANT 430 pounds, Paris, France

---

World's Tag Team Championship:

THE EXECUTIONER #1 285 pounds, Parts Unknown and THE EXECUTIONER #2 300 pounds, Parts Unknown	vs.	CHIEF JAY STRONGBOW 255 pounds, Oklahoma and BILLY WHITE WOLF 255 pounds, Oklahoma

---

IVAN PUTSKI 275 pounds, Cracow, Poland	vs.	KING ERNIE LADD 300 pounds, Houston

---

JOSE GONZALES 235 pounds, Puerto Rico	vs.	KEVIN SULLIVAN 235 pounds, Massachusetts

A BICENTENNIAL

GREETING TO ALL

OF OUR FANS

6·25シェイ・スタジアム大会のプログラムに掲載された対戦カード。対戦表では「アンドレvsウェップナー」「サンマルチノvsハンセン」「猪木vsアリ」の順番になっているが、実際には「サンマルチノ～」「アンドレ～」「猪木～」の順で行われた。猪木vsアリの欄には「東京からの生中継」と書いてある

システムだった。このアリ・フレイジャー戦で巨万の富を掌中にしたドン・キング（ボクシング世界戦を一手に仕切っていたプロモーター）とボブ・アラムは、同じ手法でアリ対ジョージ・フォアマン（1974年10月、ザイール共和国〈現・コンゴ共和国〉のキンシャサ）を世界中に配給し、何百億円という利益を上げたと噂されていた。具体的な数字を書くと、この猪木・アリ戦でキング＆アラムが最初に見込んだ数字は、「全米とカナダは合計150箇所での実施、一人当たり入場料は10ドルを徴収し、各会場に平均2000人を動員。結果、300万ドルの収入。同様に欧州でも展開し、同じく200万ドルの収入見込み」だったというから凄い。この見積もりは、それほど荒唐無稽な数字ではない。1ドル300円の時代だから、ざっと計算しても15億円で、「少なくとも」アリのギャラは簡単に捻出できていたことになる。正式調印（3・25）の段階で新日本プロレスはまず180万ドル（約5億4000万円）を現金（アドバンス）払いしたが、アリ側（アラム側）としては当初、「まず、ニュー・ジャパンの金庫から結構な金額を巻きあげた。残りはクローズド・サーキットでタップリ稼ぐとするか」という「大船に乗った余裕シャクシャクの皮算用」だったのだ。

当時のマクマホンはNWAのメンバーであり、NWA本部（会長はフリッツ・フォン・エリック）を通じて（ジャイアント馬場を除く）26人のメンバーに対し「猪木・アリ戦、アンドレ・ウェップナー戦をクローズド・サーキットで配給します。ライブ興行の会場にスクリーンを設置して、この2興行を買いませんか？　あなたの地区のセミファイナル前かセミファイナル後、あるいはメインエベント後に放送できるように配給します。興行会場以外にも、テリトリー内の映画館や劇場で流

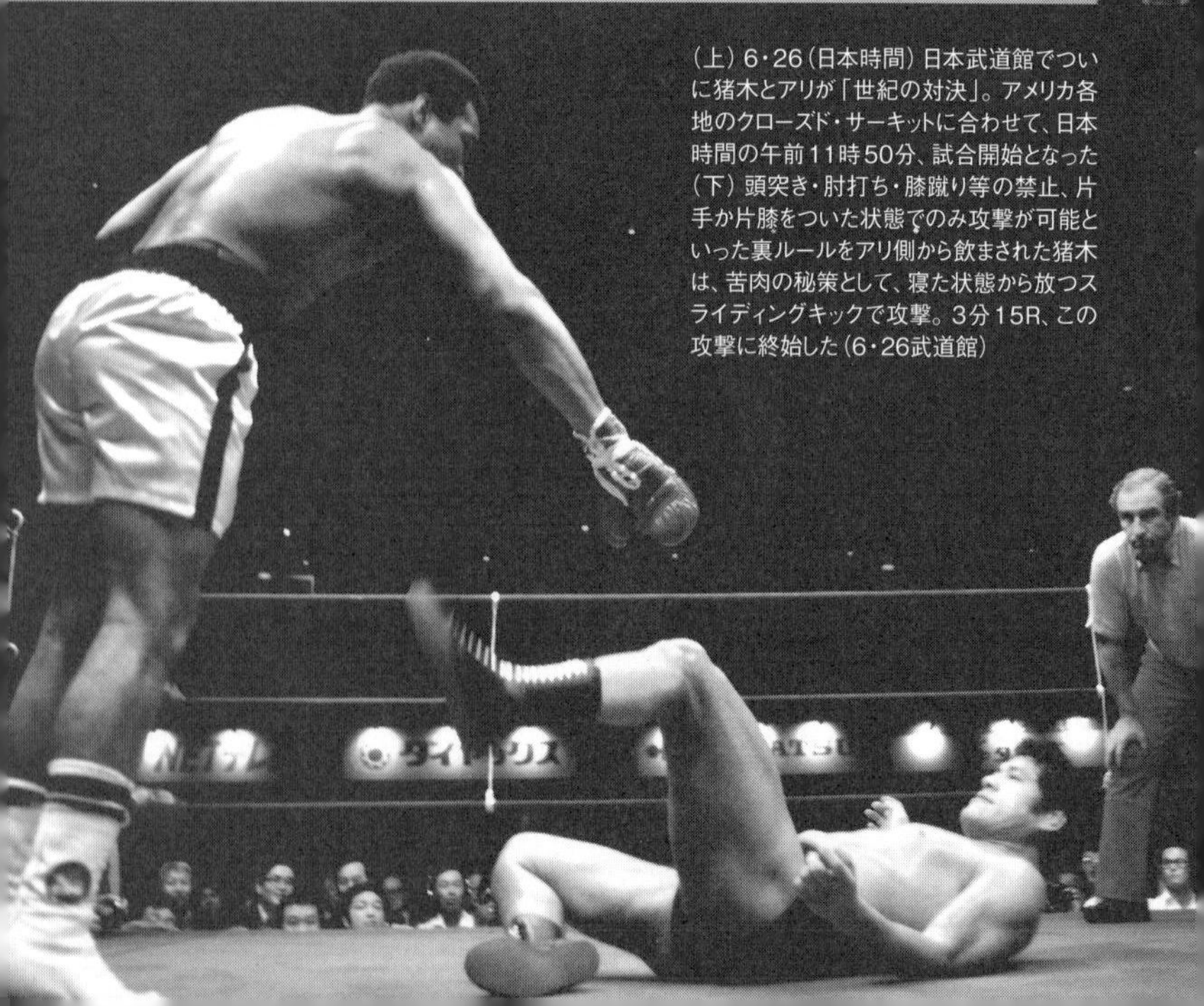

（上）6・26（日本時間）日本武道館でついに猪木とアリが「世紀の対決」。アメリカ各地のクローズド・サーキットに合わせて、日本時間の午前11時50分、試合開始となった（下）頭突き・肘打ち・膝蹴り等の禁止、片手か片膝をついた状態でのみ攻撃が可能といった裏ルールをアリ側から飲まされた猪木は、苦肉の秘策として、寝た状態から放つスライディングキックで攻撃。3分15R、この攻撃に終始した（6・26武道館）

猪木がスライディングキックを放ち、アリがこれをよけるという単調な展開の末、試合は15R判定引き分け（6・26武道館）。当時は「世紀の大凡戦」と酷評された。しかし猪木のキックでアリは左足に血栓症を患い、入院を余儀なくされたことがのちに明らかになった。また後世においてこの一戦は「総合格闘技の礎となった」と評価が一変した

したい希望があれば連絡してください。ご要求に応じます」という連絡を流した（放送開始時間に3パターン設けたのは、アメリカ国内にも時間差があるため）。

当初、マクマホンは「ブルーノ・サンマルチノ対スタン・ハンセンの一戦（4・26MSGで首を折られたサンマルチノの報復マッチ）を加えた3試合を配給する」と宣伝した。しかし、メンバー会員から「他のテリトリーの看板試合を流されても困る。自分の地区のメインが霞む危険性があり、不要」と敬遠されている。この敬遠は理屈が通っており、例えば後述の例で言うと、NWA世界戦やAWA世界戦をライブ会場でやっているヒューストンやシカゴで、他地区の王者であるサンマルチノを売り出す必要性は全くなかったからだ。マクマホンは失望したが、やむなく2試合だけの配給で妥協している。

マクマホンの売り込みに応じたのは後述の（2）から（9）、合計8テリトリーだった。それぞれの地区で当日の状況はかなり異なっていたので、地区別に書いてみたい。ちなみに日本の新聞、雑誌では盛んに「6・25格闘技五輪」というキャッチフレーズで書かれていたが、アメリカではシンプルな「マーシャル・アーツ・チャンピオンシップ」という表現がなされ、「オリンピック（五輪）」という語彙は使用されていない。

（1）ニューヨーク

ニューヨーク、シェイ・スタジアム（観衆3万1928人）

◆WWWFヘビー級選手権

ブルーノ・サンマルチノ（8分0秒　試合放棄）スタン・ハンセン

◆3分5ラウンド

アンドレ・ザ・ジャイアント（3回1分52秒　カウントアウト）チャック・ウェップナー

このアンドレ・ウェップナー戦は2010年にリリースされた『昭和秘蔵名勝負烈伝』というDVDの中にノーカット収録されているので、最初から最後まで、リングで起きたことの様子が克明にわかる。まず、リング上にリングアナが登場し、3万を越す大観衆に対してこうアナウンスする。「皆さま、この試合のあとに、東京からのムハマド・アリと猪木の試合をスクリーンで上映します。お帰りにならずに、そのままお待ちください」（スクリーンは球場のセカンド・ベース周辺に3つ、違う角度で設置されている）

マクマホンの本拠地なので、ニューヨークを含む東部時間を基準に興行を組んでいたことが証明されている。アンドレ・ウェップナーの開始が猪木・アリ戦のゴング（日本時間・午前11時50分）の50分前だったとすると（東京との）時差が13時間あったので現地時間は午後10時。かなり遅いような印象も受けるが、ニューヨーク地区（特にMSG）は「午後8時試合開始、10時半から11時までに終了」というのが定番だったので、アンドレ・ウェップナー戦のスタートが午後10時だったのは、予定通りだろう。アンドレ側のセコンドにはマネージャーのフランク・バロアに加えて、現役バリバリだったゴリラ・モンスーン（当時39歳）が登場。ウェップナーが暴走して乱闘になる危険性を配慮しての「ポリスマン」起用（ウェップナーのセコンドもボクサー風）となったわけだが、

猪木vsアリとほぼ同時刻にニューヨーク、シェイ・スタジアムでアンドレがプロボクサーのウェップナーと異種格闘技戦を行い、3Rリングアウト勝ち（6月25日＝現地）

既にマクマホンの右腕として現場を仕切る役が多くなっていたモンスーンにとっては「最大の腕の見せどころ」だった。

この当時のアンドレ（30歳）は肉体的に絶頂期にあり、223センチで220キロ。対するウェップナーも193センチ、110キロと大型なので、リングで対峙してもさほどのハンディキャップは感じさせなかった。アンドレの一方的な攻勢が予想されたが、意外にウェップナーの右フックとラビット・パンチ（後頭部めがけてグローブの掌の部分でペタペタ押し付けるように出すパンチ）が効を奏して、アンドレは思うように懐に飛び込めない。右のストレート・パンチが炸裂したら大巨人といえども腰からダウンするのではないか、というスリリングな攻防が繰り返されて2ラウンドが終わった。3ラウンド目、勝負とみたアンドレは巨体を折り曲げるように

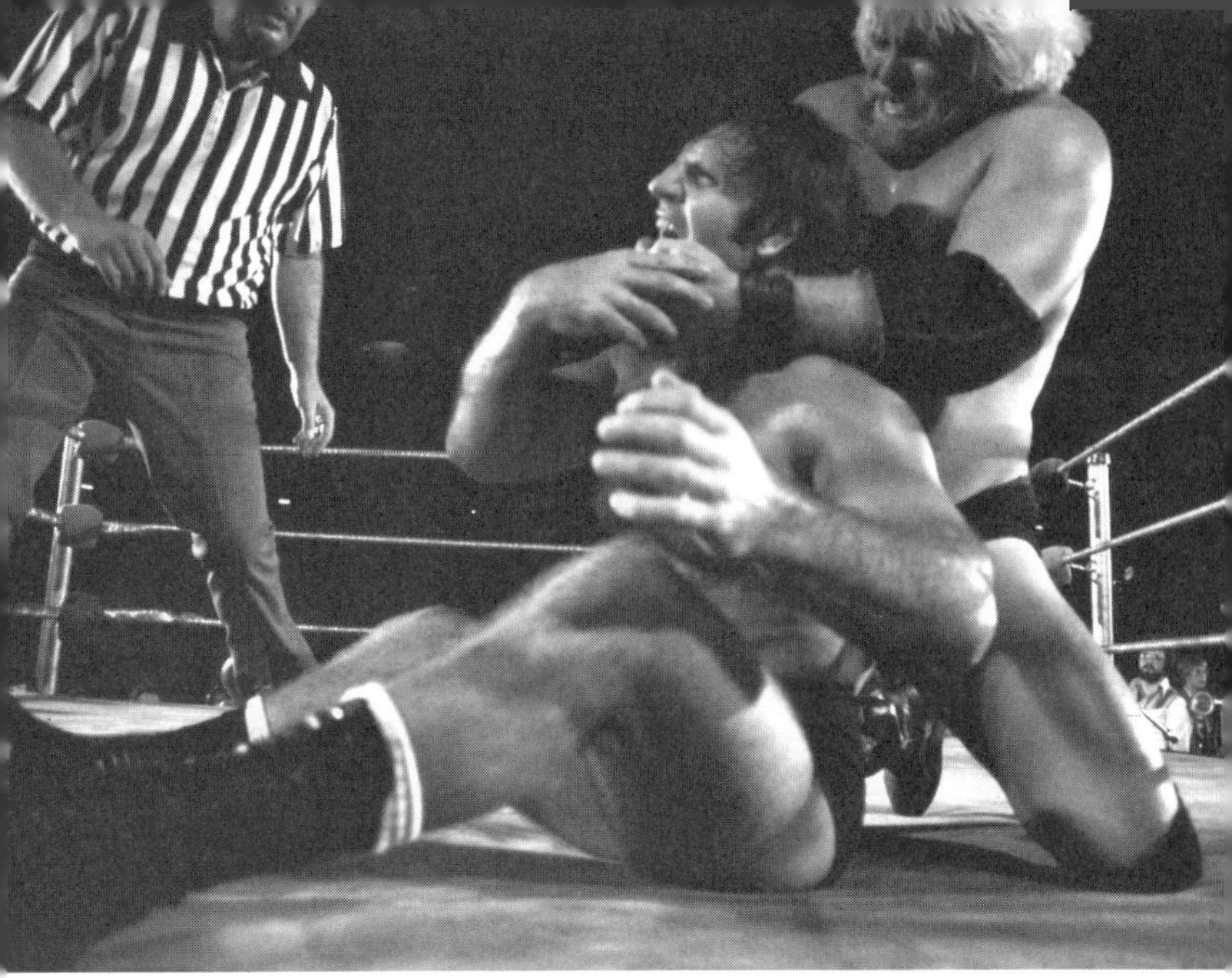

アンドレ vsウェップナーの前に、サンマルチノ vsハンセンの遺恨対決が行われた。サンマルチノがハンセンを血ダルマにし、試合放棄に追い込んで勝利（6・25シェイ・スタジアム）

ウェップナーの胴体めがけてタックルし、横からバックに回るやいなやアトミック・ドロップ一閃。尾底骨を叩き付けられたウェップナーは苦悶の表情でアンドレに反撃を試みるが「2階からのヘッドバット」をフォローされてダウン。なおも立ち向かったが、アンドレにボディスラムのような格好でトップロープ越しに場外に放り投げられ、カウントアウトされた（テンカウント・ルール）。プロレス流の場外20カウントであれば戻れただろうが、両者のスタミナ的にも3ラウンド決着はベストだったと考えられ、「現役プロボクサーとしてのウェップナーの名声に傷を付けたくない」という（WWWF側の）気がかりがあったとすれば「KO決着でなくて良かった」という感じであった。

もし、これがアンドレの完全KO勝ちであれば、翌年（1977年）10・25の猪木・ウェップナー戦は組まれなかったに違いない。「ウェップナーの大善戦」という評価があったからこそ、猪木戦まで「賞味期限」が続いたのだ。ちなみに、この試合におけるウェップナーのギャラは2万5000ドル（当時の邦貨で750万円）だった。猪木・アリ戦のレフェリーだったジン・ラベールのギャラが5000ドル（150万円）だったのに比較すると厚遇だった印象がある。

この試合が終わったのが午後10時半前後だったので、猪木・アリ戦を見ないで帰途についた客も多かったそうだ。当日、会場（シェイ・スタジアム）にいた私の友人のトム・バークは「あの夜、半分とはいわないが、4割くらいの客は席を立った。試合の順番は知らされていなかったが、せめてアンドレ・ウェップナー戦の前に猪木・アリ戦を組む順番にして欲しかった」と証言している。興行を提供するマクマホン側からすれば「1ラウンドで終わるか、はたまた15ラウンドまで続くか読めない猪木・アリ戦を、興行の合間に組むわけにはいかない」というのが言い分だったろうが、短時間で編集後「ディレイ中継」にするほどの技術が開発されていなかった時代だけに、納得できる舞台裏だ。

マクマホン傘下の東部地区で映画館でのクローズド・サーキットが確認されているのは、ボストン、バルチモア、ピッツバーグ、フィラデルフィア、バッファローの5都市。「お膝元」だけに、この地区は宣伝にも力が入っており、サンマルチノ対ハンセン（8分と短い試合だった）も含めた3試合が上映されている。黒字だったことは間違いない。

(2) ロサンゼルス

ロサンゼルス、オリンピック・オーデトリアム（観衆1万1000人）
◆ウィリエム・ルスカ（10分24秒　裸絞め）ドン・ファーゴ
◆ロディ・パイパー（12分36秒　体固め）ゴリー・ゲレロ

ロサンゼルス（夏時間）は東京と16時間の時差があるので、開場はいつもより早い午後6時半。まず現地時間の午後7時からアンドレ・ウェップナー戦が流された。猪木・アリ戦の開始は現地時間で午後7時50分だったので、オーデトリアムに詰めかけた観客は9時過ぎまで延々と「スクリーン・プロレス」に付き合ったことになる。そのあとにウィリエム・ルスカの登場となったが、猪木・アリ戦を見終わった直後だけに欲求不満が溜まった観客が多く、事実上の「プロレス転向第1戦」だったルスカにとっては、酷な雰囲気だった。この試合はNETテレビで（6・26の夜に）ノーカットで録画放送されたが、「フォーマー・ジュードー・ワールド・チャンピオン、ゴールド・メダリスト」と紹介されても拍手は少なく、「だったらなぜ、ジュードー・ジャケット・マッチじゃないの?」と首を傾げたファンも多かったと思う。ボディスラムからスリーパー・ホールドでルスカの快勝に終わったが内容は乏しく、NETのゴールデン枠で流すほどの価値はなかった。ちなみにドン・ファーゴは2015年にリリースされた自伝『ザ・ハード・ウェイ』（クロウバー・プレス社刊）の中で、このルスカ戦に触れている。

「いつものことだが、対戦相手は会場に到着してから伝えられる。会場に着くとプロモーターのマイク・ラベールから『ウィリエム・ルスカとやってくれ』と言われたが、聞いたこともないレスラー

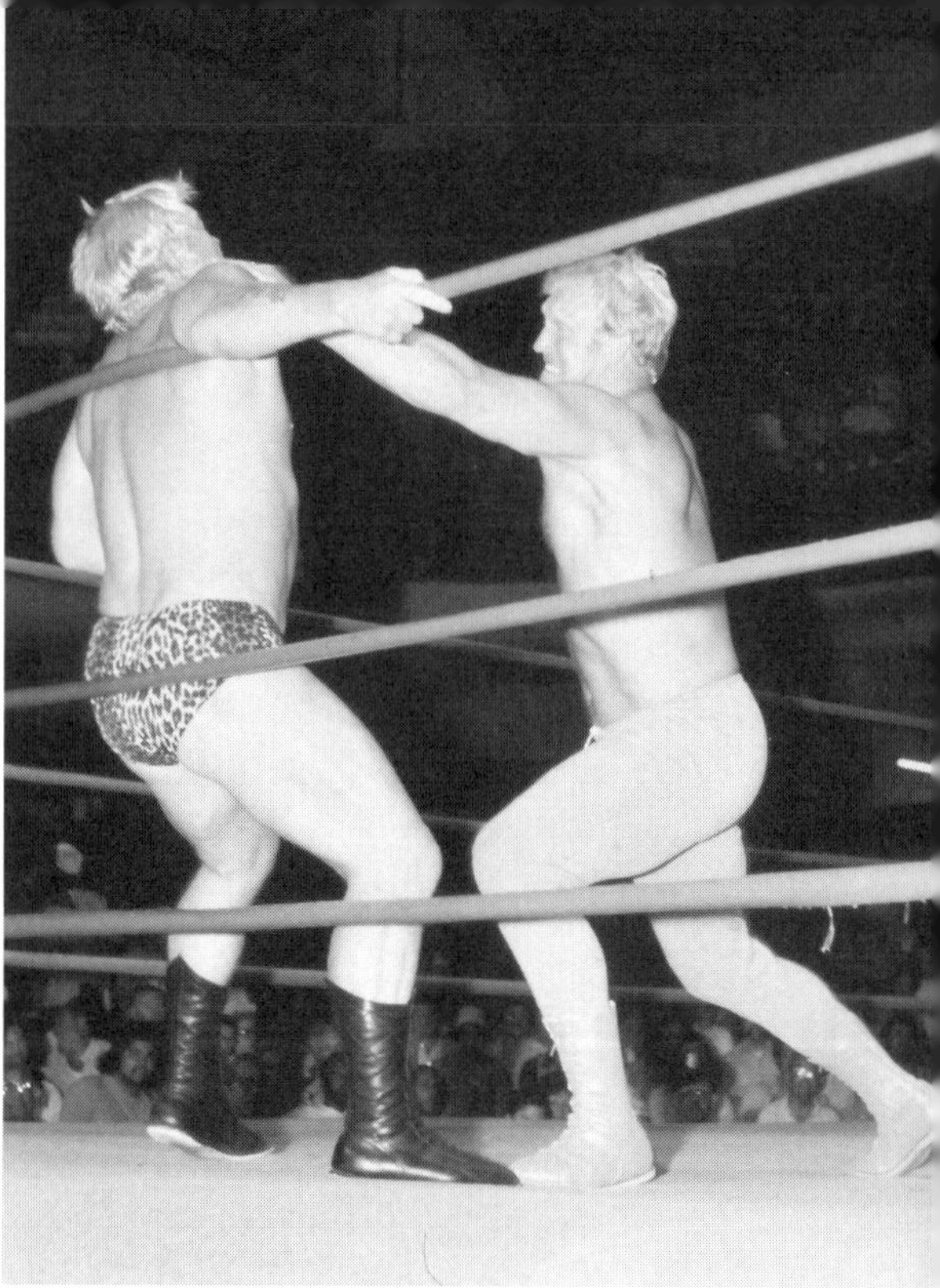

6・25ロス大会ではアンドレ vsウェップナー、猪木 vsアリのスクリーン上映のあと、ルスカが登場。プロレス転向第1戦でファーゴに勝利

なので戸惑った。経歴を聞くと柔道の金メダリストというので、さすがの俺も驚いたが、ラベールが『誰一人、対戦に応じてくれない』と泣き顔で言う。『ギャラを倍にしてやるから、なんとか頼む』と頭を下げられて承諾したのだが、レスリング・ベア（熊）のような動きしか出来ない相手にグッド・マッチが出来るわけがない。ルスカとの対戦に、誰一人応じなかったはずだ。不細工な試合で、非常に後悔が残る。日本に中継されたと知ったのは、後になってからだ。俺が日本の団体に一度も呼ばれなかったのは、それが原因だったと思うと腹が立つ」

ラベール傘下の地区としてはサンディエゴ、ロングビーチ、サンバーナディーノ、ベーカースフィールド、モデスト、サンタモニカの映画館でクローズド・サーキットが行われ、アンドレ・ウェップナー、猪木・アリの2試合が上映されている（観客動員数は不明）。東京でレフェリーとして頑張っていたジン・ラベールのメンツもあり、兄貴のマイク・ラベールも興行面で最大限の頑張りを見せていた。

（3）シカゴ
イリノイ州、シカゴ・スタジアム（観衆1万3000人）
（当日は3試合のみのショート興行）
◆グレッグ・ガニア（10分18秒　体固め）ボブ・オートン・ジュニア
◆AWA世界タッグ選手権
ディック・ザ・ブルーザー、クラッシャー・リソワスキー（19分14秒　カウントアウト）ブラックジャック・ランザ、ボビー・ダンカン（ルールにより王座移動なし。ランザ組が防衛）
◆AWA世界ヘビー級選手権
ニック・ボックウィンクル（38分8秒、ノーコンテスト＝画面でアンドレ・ウェップナー戦が始まるため試合停止）バーン・ガニア

日本では報道されていなかったが、猪木はバーン・ガニアの要望に応じて5月19日にシカゴに短期出張（シリーズ間のオフ）し、6・25のシカゴ興行を精力的に盛り上げている。ガニア、ブルーザーと共にシカゴのテレビ・スタジオで記者会見に応じ「プロレスラーがいかに強いかを、必ず証明してみせる」と力強く語っていた（これが猪木とガニアの初遭遇）。ガニア自身は、シカゴでA

5月19日、猪木はシカゴのテレビ・スタジオで開かれた記者会見に出席。6・25シカゴ大会の主催者ガニアと共演して、大会の盛り上げにひと役買った。中央はシカゴ大会出場者のブルーザー。なお、猪木とガニアはこれが初遭遇

WA世界ヘビー級王座に挑戦したが、午後8時15分にAWA世界戦（ニック対ガニア）がスタートしたために、ニューヨークからの放送が開始された8時55分に、異例の「タイムアップ、引き分け」となった。客席からは当然ブーイングが起きたが、スクリーンでアンドレ戦が放送される中、リング上でAWA世界戦を（ライブで）同時並行的に続行するわけにはいかない。レスラー・ガニアとしては辛い決断だったが、プロモーター・ガニアとしては当然の判断と言えた。

ガニアはマクマホンと非常に親密な関係にあったから、興行成功に賭ける情熱は相当に高く、この6・25はAWA傘下テリトリー全ての都市の映画館でクローズド・サーキットが上映されている。ミネアポリスに住んでいた私の親友、ジム・

6・25シカゴ大会のプログラム。ブルーザー&クラッシャー、ニック、猪木、アリ、ガニアらの写真がにぎやかにあしらわれている

メルビー（当時26歳）は市内の映画館で10ドル支払って観戦したそうだが「開場と同時にブルーザー、クラッシャーのAWA世界タッグ選手権が始まり、そのあとガニア・ニック戦へと移行した。ニューヨークからのアンドレ・ウェップナー戦が始まるという理由でガニアの試合が終了になったが、私のように、映画館で見ている客にとっては当然の措置だった。映画館は満員で、2000人以上いたと思うが、猪木とアリの試合が始まる前に帰った客はいなかった。試合そのものは退屈な内容だったが、シカゴからの2試合と合体で合計4試合の10ドルはリーズナブルな値段で、観客は満足して帰宅したという記憶がある」と証言している。

　ガニアは当日、テレビ中継のクルーを同行した。これは、後述のうち複数のN

WAプロモーターから「WWWFヘビー級のサンマルチノ・ハンセン戦、AWA世界ヘビー級のガニア・ニック戦は不要だが、ブルーザー、クラッシャーの試合は（映画館で）上映したい。アンドレ・ウェップナー戦、猪木・アリが始まる前（導入時間に）スクリーンに流す試合として最適だから」という要望があったからだ。ガニアの本音は「ガニア・ニック戦を流せよ！」だったろうが、ここも「大人の対応」をせざるを得なかった（NWAエリアでAWA世界戦を上映させることは実質的に不可能）。「政治的な理由」であることは知りつつも、勝気なブルーザーとしては「ほおれ見ろ。俺のほうが、ガニアより全国的な人気が上だってことさ！」と自慢したい気持ちだったろう。

（4）ヒューストン
テキサス州、ヒューストン・コロシアム（観衆1万2000人）
◆NWA世界ヘビー級選手権
テリー・ファンク（2－1）ロッキー・ジョンソン
①ジョンソン（12分37秒　体固め）②テリー（14分23秒　揺り椅子固め）③テリー（3分5秒　体固め）

猪木は武者修行時代の1965年夏から冬にかけて「カンジ・イノキ」としてテキサス地区でトップを取っていた時期があり、プロモーターのポール・ボーシュとは友好関係にあった。当日はNWA世界ヘビー級王者のテリー・ファンクが登場する「書き入れどき」のビッグマッチであり、「テリー

6・25ヒューストンではNWA世界ヘビー級王者テリーがジョンソンを下し王座防衛に成功。テリーの試合後、アンドレ vsウェップナー、猪木 vsアリが上映された

のライブNWA世界戦、猪木・アリ戦、アンドレ・ウェップナー戦」の豪華トリプルマッチで満員の観客を動員している（コロシアム内の一角を封鎖して大型スクリーンを設置したため、通常だと1万4000人が入る会場が1万2000人で満員）。

テリーは6月8日から16日まで、全日本プロレスの「NWAチャンピオン・シリーズ」に特別参加して帰国したばかりなので、日本における「猪木・アリ戦フィーバー」は十分に認識していた。NWA世界王者のサーキット・スケジュールは少なくとも3カ月前には決定しており、テリーの6・25のヒューストン登場は、猪木・アリが正式調印する頃には間違いなく決まっていたと思われる。テリーとしては（馬場の敵である）猪木と同じ興行に出るのは嫌な気分もあっただろうが、ガニア・ニック戦と同じく「自分の試合（NWA

戦）が先に行われ、そのあとスクリーン・プロレス」の順番だったから、自分の試合が終わったあとは（猪木・アリ戦を見ないで）速やかにホテルに戻ったと想像される。テリーの相手になったロッキー・ジョンソンはプロレス転向前にプロボクサーだった時代があり、ジョージ・フォアマンのスパーリング・パートナーの一人でもあった。ジョンソンは会場の雰囲気を十分に察知して「ボクサー時代に培ったパンチ攻撃」で主導権を握ったが、2本目にローリング・クレイドル、3本目にはアトミック・ドロップを食って完敗している（レフェリーは元NWA世界ジュニア・ヘビー級王者ダニー・マクシェイン）。ボクサー経験のあるジョンソンが挑戦者となったのは偶然だったような気がするが、結果的にはタイムリーな抜擢だった。

（5）カルガリー
アルバータ州カルガリー、スタンピード・パビリオン
◆インターナショナル・タッグ選手権
ヒゴ・ハマグチ（浜口平吾、アニマル浜口）、ミスター・ヒト（安達勝治）（ノーコンテスト）ジョニー・クイン、パディ・ライアン

この時期のカルガリーは国際プロレスに傘下レスラーを供給していることで、猪木とスチュ・ハートに直接的なビジネス関係はなかった。だがスチュ・ハートは自宅の地下室にレスリング・マットはもちろん、サンドバッグを何個も吊るしてあるボクシング・ファンでもあり（レスラー転向以前

にはアマチュア・ボクシングの経験もあり）、猪木・アリ戦には「純粋な」観点から興味があった。マクマホンの呼びかけに応じてアンドレ・ウェップナー戦、猪木・アリ戦の二つを買い、スタンピード・パビリオンのライブ興行にスクリーンを設置して放送している。私は２０１１年に、浜口氏にこの６・25について浅草の道場でうかがったことがあるが、猪木・アリ戦の映された会場でメインを取っていたことは記憶されていなかった。ここの会場も（時差を考えると）メインのあとに「スクリーン・プロレス」に移行した可能性が高く、浜口氏も自分の試合が終わったあとは、即座に会場をあとにしたと推測される（国際プロレスに１９８０年に来たジョニー・クインにも聞いたことがあるが、彼は記憶していた。猪木・アリ戦は最後まで観戦したとのこと）。マクマホンの呼びかけに応じて、トロントのフランク・タニーもアンドレ・ウェップナー戦と猪木・アリ戦を買う意思はあったが、

6・25カルガリー大会には国際プロレスの浜口が出場。ヒトと組んでカルガリー地区認定インターナショナル・タッグ王座を防衛した

当日は自分の打つ興行の日でなかったために断念。モントリオールのジャック・ルージョーも会場が夏季の補修時期にあり、購入を見合わせた。バンクーバーのジン・キニスキーも購入していない(馬場への忠誠か?)。結局、カナダで「2大格闘技戦」を購入したプロモーターは、スチュ・ハートだけだった。

(6) インディアナポリス
インディアナ州インディアナポリス、マーケットスクエア・アリーナ
◆WWA世界ヘビー級選手権
ザ・マスクド・ストラングラー(ガイ・ミッチェル)(30分時間切れ引き分け)ウィルバー・スナイダー

ここはディック・ザ・ブルーザーの自宅があり、WWA世界戦のワンマッチ(スクリーンの開始時間を越えないように、30分1本勝負を採用)が終了後に、シカゴからの生中継とアンドレ・ウェップナー戦、猪木・アリ戦がスクリーンに流れた。1000人も入れば満員になる小会場だったが、「オラが村の英雄」ブルーザーの試合が終わると帰途についてしまう客も多く、猪木・アリ戦が終了するまで見ていた客は半数以下だった。

(7) フロリダ

フロリダ州タラハシー、コンベンション・センター
ダスティ・ローデス、バディ・コルト、キング・イヤウケア（反則勝ち）ジ・アサシン（ジョー・ハミルトン）、ロック・ハンター、ミズーリ・モーラー

この地区の責任者はエディ・グラハムで、6月の段階ではNWA第一副会長（8月の総会で初めて会長に就任）という要職にあった。副会長としてマクマホンの要望を無下に断るわけにもいかず、2試合の購入を行った。インディアナポリスと同様、小会場でワンマッチを行ったあとの「スクリーン・プロレス」に移行したが、おそらく収支的にはトントンで、黒字を捻出するには至っていない。フロリダ州は他にも大きなマーケットがあったが映画館や劇場で行われた記録はなく、トップランク社（ボブ・アラム）にとっては誤算だった。フロリダ地区では、猪木の知名度が高くなかったことも影響していたと思われる。

（8）デトロイト
コボ・コンベンション・ホール（観衆8200人）
◆USヘビー級選手権
ザ・シーク（ノーコンテスト）パンペロ・フィルポ
シークとアリは同じイスラム教徒ということで古くから親交があり、アンドレ・ウェップナー戦、

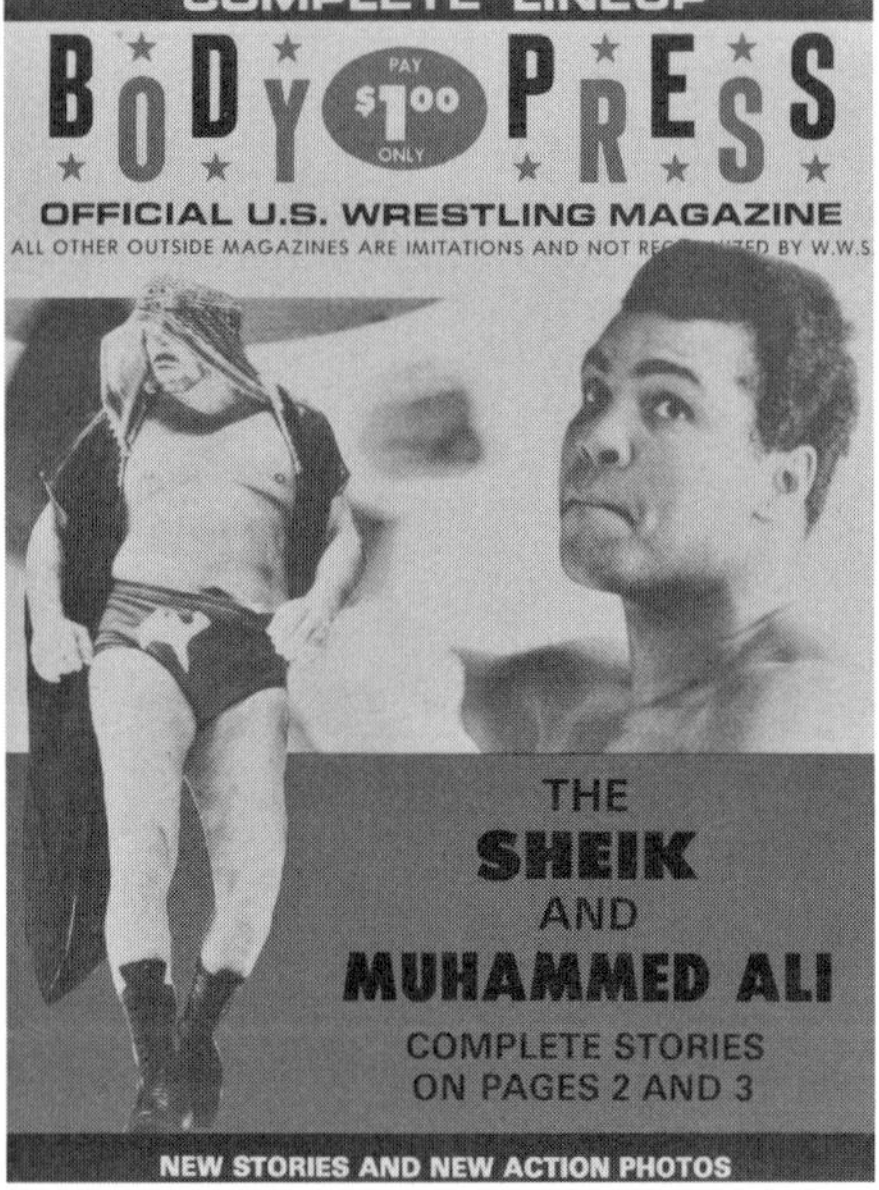

アリと親交のあるシークもイベントに協力。写真は5・1コボ・ホール大会のプログラム。「シークがアリに猪木対策を伝授」という直前特集が掲載されている

猪木・アリ戦の購入を早くから決めている。自らの本拠地であるコボ・ホールでパンペロ・フィルポを相手にUSヘビー級王座防衛に成功したあとは「スクリーン・プロレス」に移行したが、観客数は8200人と満員には至っていない。

シークは1974年11月に新日本に一度だけ特別参加したことがあるが、地元（デトロイト）でキラー・ブルックスがクーデターを起こしたため、九州での3戦を残していながら勝手に帰国してしまったという経緯があった。シークが猪木・アリ戦を購入して利益を出したかどうかは定かではないが、新日本に対して「2年前（1974年11月の試合キャンセル事件）に迷惑をかけた罪ほろぼし」という意識があったかもしれない。

（9）サンフランシスコ
カウ・パレス（観衆7900人）

◆30分1本勝負
マサ・サイトー（斎藤）、ドン・ムラコ（ノーコンテスト）トニー・ガレア、ペドロ・モラレス
◆USヘビー級選手権
パット・パターソン（2－1）ミスター・フジ

この地区のプロモーターはロイ・シャイア。シャイアは現役時代に世界ライトヘビー級王者アーチー・ムーアと対戦した経験から「ボクサー対レスラー」には個人的に最大限の思い入れがあった。NWA内部では「反・主流派」と言われていたが、6・25には非常に好意的に対応した。自分の傘下テリトリーでも映画館上映の数が多く、カウ・パレスでのライブ興行に足を運べないファンのために、近隣（車で1時間）のサンノゼの映画館でもクローズド・サーキット上映を実施するなど、かなり熱が入っていた。現役時代にインディアナポリスを本拠地としていた時期が長く、ブルーザーと個人的に親しかったことから、アンドレ・ウェップナー戦に入る前の「導入部分」にはシカゴからの映像（ブルクラの試合）を入れていた。オークランド、フレズノ、スタンフォード、サクラメント、サンタローザ、ナパ、リッチモンドの映画館でも上映されており、おそらくこのエリアはニューヨーク地区に次ぐ収益を上げたと思われる。

以上が6・25に開催されたアメリカの「ライブ&スクリーン、合体興行」の実態である。成功だったか失敗だったか、と聞かれても、なんとも返答に窮する複雑怪奇なトライアルだった。私は新聞

全米をあげてのクローズド・サーキットの収益は猪木・新日本サイドには還元されることはなく、アリ戦の借金だけが残った

営業本部長に、当時の収支状況を聞いたことがある。

「新日本には全く収入がなかった。というより、アメリカの何箇所で上映されたとか、幾らの収益があったとかの詳細は全く知らされないまま、トップランク社からは『映画館や劇場からの直前キャンセルが相次いだ。赤字だ』との報告しかない。マクマホン（シニア）にしても、本来は受け取るべきだった手数料が貰えていない。つまり、プロレス陣営には全く金が入ってこなかったんです。クローズド・サーキットの収入からアリへのファイトマネー完済を見込んでいたのに、それが不可能となった。クローズド・サーキットは成功したはずです。かなりの儲けがあったと思います」

プロモーター・サイドの苦悩ばかりでなく、レスラー・サイドも被害を被った。6・25の

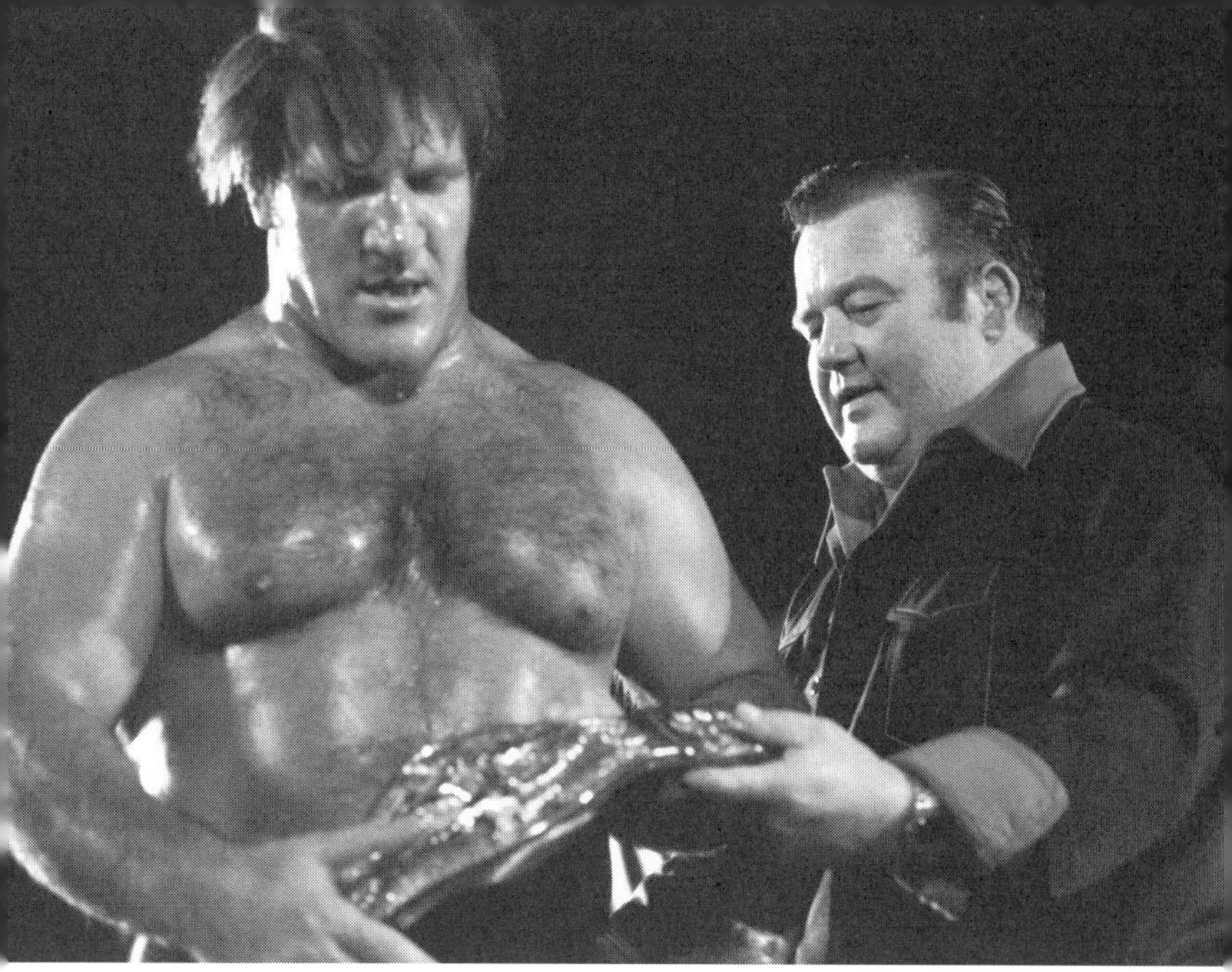

サンマルチノも6・25クローズド・サーキットの被害者の一人。ハンセンに首を折られ闘病中だったが、イベントに合わせて強行復帰を余儀なくされた（写真は6・25ハンセン戦）

夜、まだ首にギプスをはめていなければならない状況だったにもかかわらず、マクマホンからの強い要請を断り切れなかったブルーノ・サンマルチノ（4月にスタン・ハンセンとの試合で頸椎骨折、以降入院生活）は、ドクターの命令を振り切って無謀なカムバック戦に応じていた。これはまさしく「WWWFのトップ・レスラーの意地」でしかなかった。「マクマホンは私の入院中、何度も会いに来た。プロレスどころか、歩くことも出来ない状態の私に、『絶対安静であることはわかるが、なんとか6月25日には間に合わせてくれ。君が出場しないと、シェイ・スタジアムはガラガラになる。全米にクローズド・サーキットされるから、その収益からギャラは通常の倍以上の金額を払える』と言った。ところが、クローズド・サーキットからの分は、1セントも上乗せがなかった。マクマホンがトップランク社から金を貰えなかったことは事実だろうが、レスラーである私も連帯責任を取るのは、おかしな話だった」（サンマルチノの後日談）

サンマルチノとマクマホン・シニアの間には、この6・25のあとに徐々に深い溝が生じていったが、最大の原因となったのが「クローズド・サーキットからのギャラ未払い問題」だったといわれている。新日本陣営だけでなく、猪木・アリ戦はWWWFにも大きなダメージを残したのだ。

ボブ・アラム氏は今も健在だが、「40年前の猪木・アリ戦は、本当に赤字だったのですか?」と聞いても、おそらく真面目な答えは返ってこないだろう。6・25はドン・キングとのタイアップ企画だったし、キング側に「吸い取られた」可能性もある。まだプロボクシング界とマフィアとの関係も大いに存在した時代ゆえ、最終的には「マフィア業界」が利益を享受したのではないか、というのが私の推理だが、いずれにせよ先の「NWA&AWAプロモーターズが大損した」という話も聞いたことはない。やはり結論としては「新日本プロレスだけが多大な借金を背負った」ということになるのではないか。

アジア・リーグ戦

上田の闖入とNWAの横暴に悩まされる

7月9日（後楽園ホール）から8月5日（蔵前国技館）までの期間に25興行が開催され、タイガー・ジェット・シン、ガマ・シン、ジート・モンゴル、ボロ・モンゴル（ビル・イーディー）、ゴーディ・

8・5蔵前に一匹狼の上田が乱入。猪木に挑戦状を叩きつけた

シン、マジッド・アクラ（ジョン・ダ・シルバ）、ハン・リー、アリ・ババ（ブル・グレゴリー）の8選手が招聘された。シリーズのメインテーマは「日本プロレス崩壊によって存在しなくなったアジアヘビー、アジアタッグの2大王座復活」だったが、この動きを事前に察知した全日本プロレスが3月に両王座を復活させたため、新日本にとっては機先を制せられた形になった。

NWF王者の猪木はアジア王座復活には全く絡まず、シリーズ最終戦の蔵前でシンの挑戦を受け、NWF世界ヘビー級王座の防衛に成功（9分43秒、両者リングアウト）。この試合後に、アメリカを主戦場としながら国際プロレスでIWA世界ヘビー級王者にも就いたフリーの一匹狼、上田馬之助がリングに上がり、猪木へ挑戦状を手渡したが、無視されたことで猪木の腹部にキックを叩き込み「俺を新日本のリングに上げろ！」との強烈なアピールをスタートさせた。

新日本は8月29日、NWA総会における決議と勧告に応じ、NWF王座から「世界」の2文字を削除した。従って「NWF世界ヘビー級選手権」として開催されたのは8月5日のシン戦が最後となり、以降は「NWFヘビー級選手権」という名称に「格下げ」となって存続していく。猪木自身は「NWAに加盟してから1年になるが、相変わらずNWA世界ヘビー級には挑戦できていない。NWA本部が世界王者を全日本にしか派遣しないのは、一体どういうことなのか？　メリットが全くないのに、NWFから世界が削除されるのは不本意だが、ここはひとまずNWAの指示に従う。今後も同じ状態が継続するならば、NWAを脱退するしかない」と強烈なコメントを残している。

猪木は夏の陣終了後、小林、星野、山本、木戸、永源、木村、荒川、大城の8選手を帯同して2度目のブラジル遠征を敢行し、8月7日（リオデジャネイロでアベ・ヤコブに勝利）、11日（ブラジリアでピート・ロバーツに勝利）、14日（サンパウロでリッキー・ハンターに勝利）の3戦を消化した。NETテレビの撮影クルーが途中から合流し、最終戦のサンパウロ大会のみ、20日に「ワールドプロレスリング」枠内で録画中継されている。

闘魂シリーズ

全盛期のアンドレとベストバウト！

8月27日（後楽園ホール）から10月7日（蔵前国技館）までの期間に30興行が開催され、前半（9

月15日まで）にイワン・コロフとスーパースター・ビリー・グラハム、後半（9月17日から最終戦まで）にはアンドレ・ザ・ジャイアントとビル・ドロモ、さらにウィリエム・ルスカが10月6日と7日のみ特別参加。シリーズを通してカール・フォン・スタイガー、クルト・フォン・スタイガー、ブラックジャック・モース、テリー・ルージの4選手が招聘された。WWWFのトップスターだったグラハムの新日本初登場は、新日本とマクマホンとの提携路線がいよいよ本格的になってきたことを証明していた。

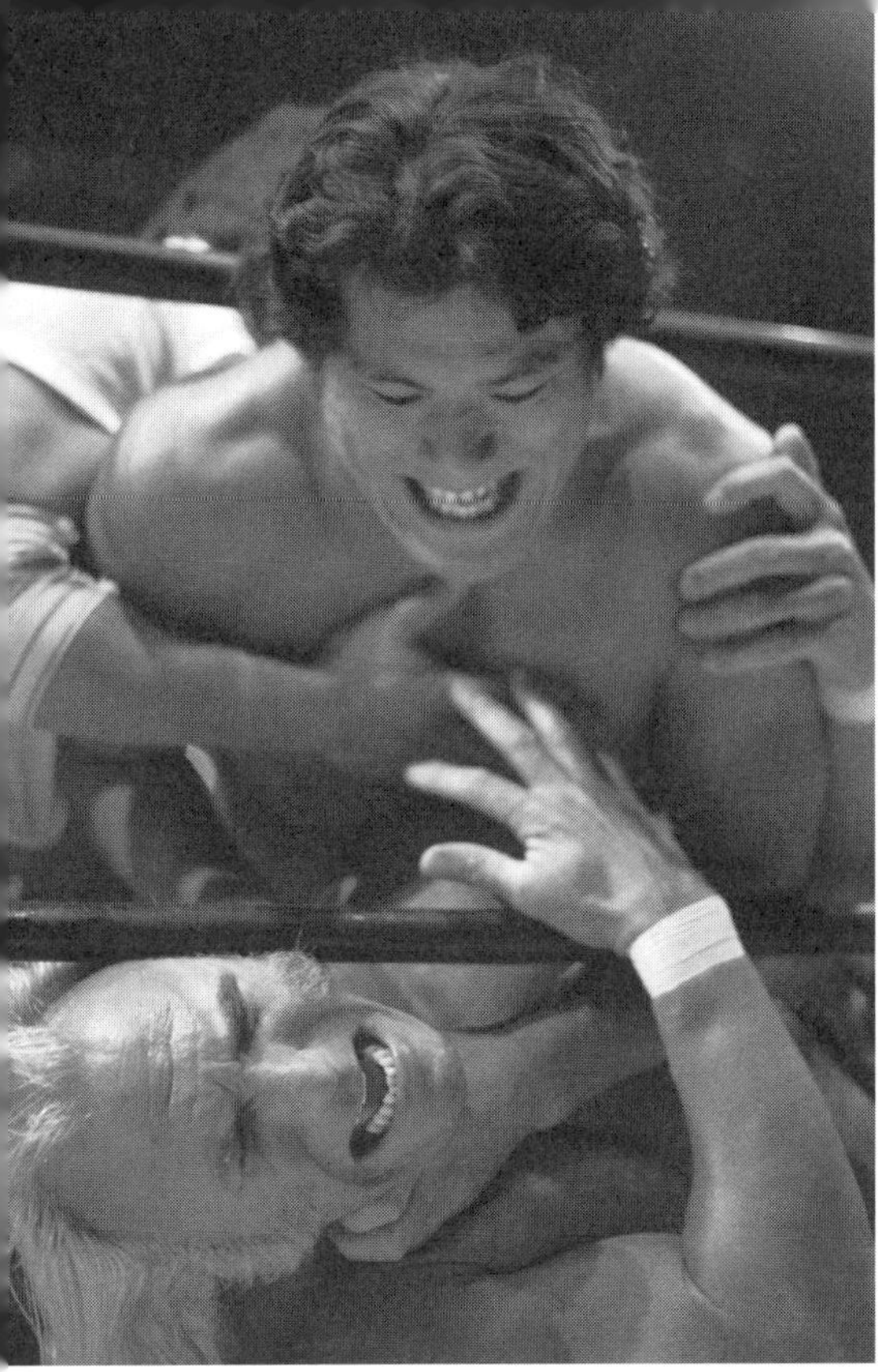

9・10品川でWWWFのトップ選手、怪力グラハムに完勝

猪木とグラハムのシングル戦は9月10日の品川大会（スケートセンター）で実現し、猪木が8分52秒、卍固めで快勝した（テレビ生中継）。グラハムはこの7カ月後（1977年4月30日）、バルチモアでブルーノ・サンマルチノを破りWWWFヘビー級王者になっているので、この時点で猪木がグラハムに完勝していた意義は大きく、翌年以降、「NWF王者のほうが、WWW

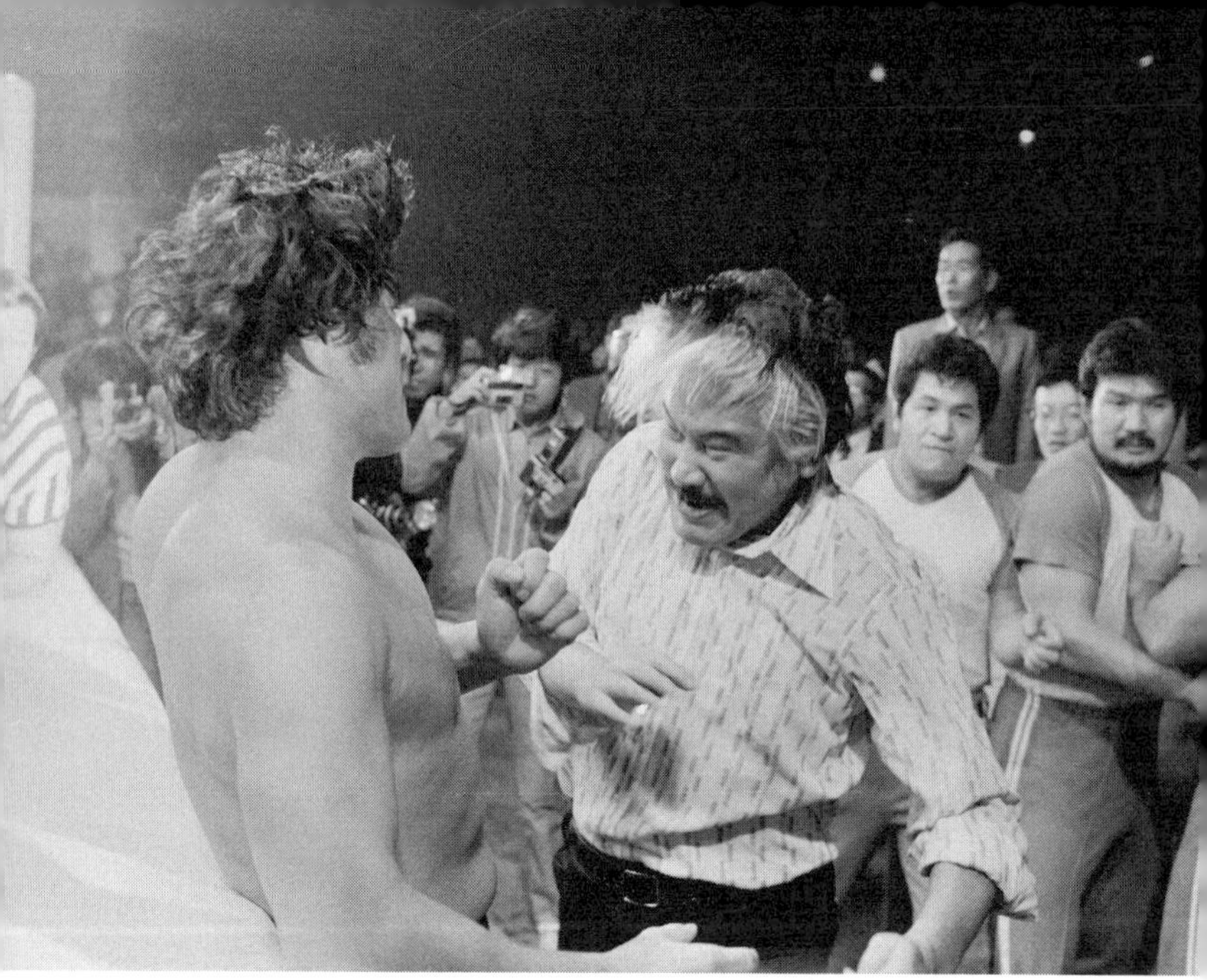
上田が10・6大阪府立に再び現れ、猪木に対戦を迫った

F王者より強い」という（猪木、新聞による）アピールに説得力をもたせる結果となった。

10月6日の大阪府立体育館には上田馬之助が再び私服で来場し、メインで試合中の猪木に襲いかかった。上田はアメリカのミッドサウス地区を中心にサーキットしており、8月5日の蔵前に登場していたあとはアメリカに戻っていた。東京スポーツ・櫻井記者のインタビューに答えて「日本とアメリカの往復運賃は、自分の金で払っているから、バカにならない。猪木よ、早く俺の挑戦を受けろ。そうすれば新日本のシリーズに長期間出てやる」と本音のコメントをしていたのが可笑しい。この段階では猪木も新聞も「上田？　観客動員力はないだろう」と判断しており、参戦させる予定はなかった。これが逆転裁定に至ったのは、猪木が「シンと組ませてみたらどうか？」と新聞に提案したのが契機だと伝えられているが、繰り返される乱入の中、猪木は冷静に「上田を最も鮮烈に売り出すタイミング」を見計らっていたことになる。プロレスにおける「溜め」の大切さを痛感させられる事例だ。

シリーズ最終戦の10月7日、蔵前国技館では、猪木とアンドレによる「格闘技世界一決定戦」が行われた。私も5000円の席を買って観戦に赴いたが、2階席までビッシリ入ってほぼ満員の盛況だった（発表は1万5000人）。内容的にも優れた一戦となり、最後は場外乱闘で額を割られたアンドレが逆上し、レフェリー（ミスター高橋）とセコンドのフランク・バロアが止めに入ってのレフェリー・ストップで23分44秒、猪木が勝利を宣告された。個人的には、この試合が12年3カ月の長きに及んだ猪木とアンドレの対戦の中のベストマッチだったと思う。1970年1月の初来日（国際プロレス＝23歳）から死去直前の試合（1992年＝全日本プロレス）まで欠かさずアンドレを見てきたが、この1976年（30歳）から1978年（32歳）にかけてが偉大なアンドレの完璧な全盛期で、1979年に入ってからは「スタミナ切れ」の兆候が少しずつ散見して衰えていった印象が残っている。

猪木はアンドレ戦の翌日に坂口、小林、星野を帯同して渡韓。10月9日に大邱でパク・ソンと対戦しリングアウト勝ち（ノンタイトル）。翌10日はソウルでNWFヘビー級王座をかけて再戦したが、これも18分3秒、パクを血ダルマにして一方的な内容でリングアウト勝ちしている。のちに「パクが猪木に引き分け試合を依頼し、それを拒否した猪木がブチ切れて凄惨な試合になった」という風に伝えられる一戦だが、改めて10日のビデオを見直すと、ごく普通の試合である。そもそもパクは1969年から1970年にかけ、日本プロレスで（大木金太郎の弟子として）長く修行していた

アリと引き分けた猪木、ウェップナーを下したアンドレがプロレスラー同士による「格闘技世界一決定戦」を敢行（10・7蔵前）

（上）アンドレが大木のような足、グローブのような手で猪木のお株を奪う豪快な弓矢固めを披露（10・7蔵前）（下）猪木が一本背負いでアンドレの巨体を投げ飛ばした（10・7蔵前）

アンドレがカナディアン・バックブリーカーで高所に担ぎ上げるも、猪木はリバース・スープレックスで辛くも脱出（10・7蔵前）

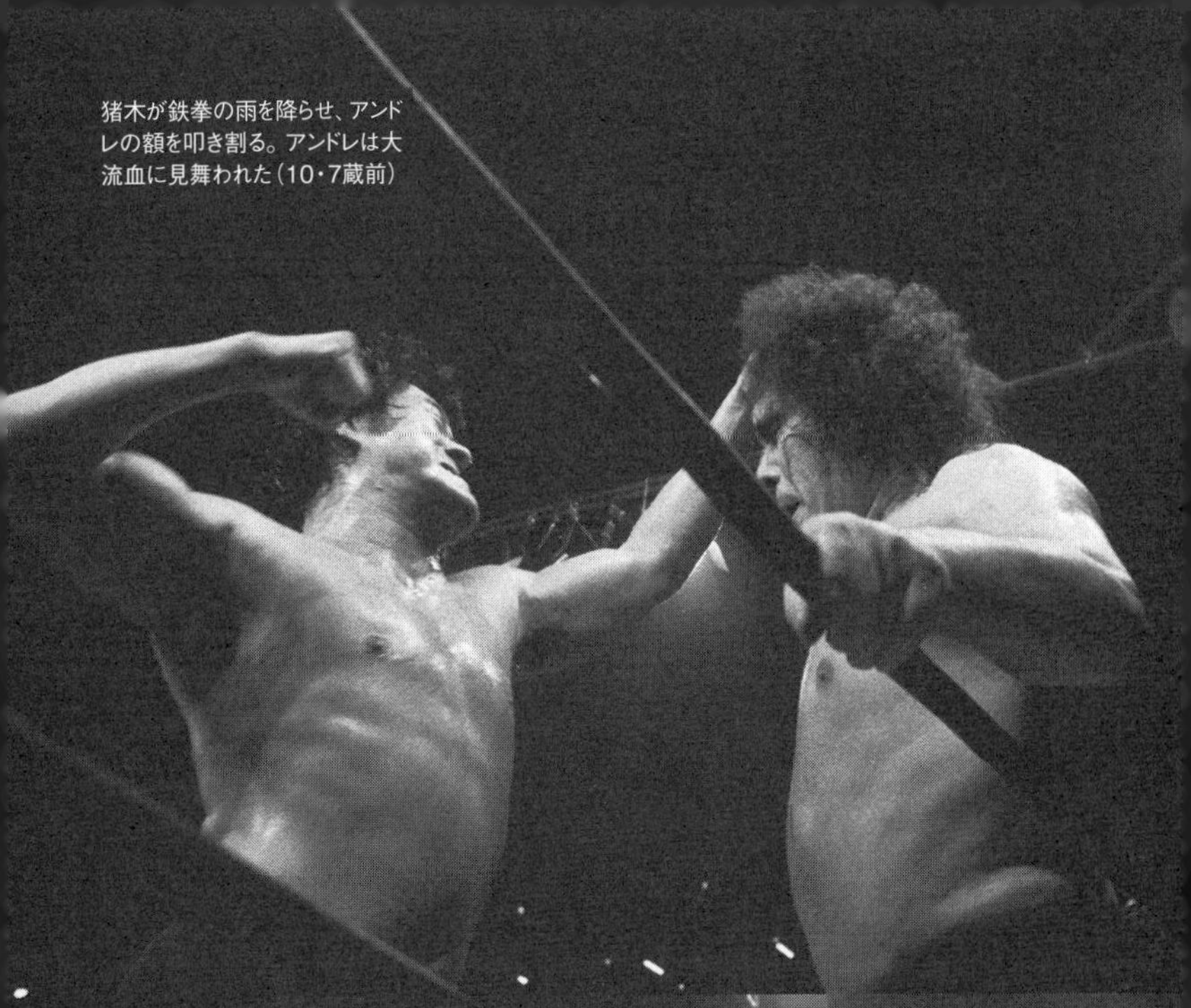

猪木が鉄拳の雨を降らせ、アンドレの額を叩き割る。アンドレは大流血に見舞われた（10・7蔵前）

アンドレの大流血をみかねたマネージャーのフランク・バロアがタオルを投入し、猪木のレフェリー・ストップ勝ちが宣せられた。最後は荒れた展開になったが、10・7蔵前の一戦は猪木vsアンドレ史上に残る名勝負だった

猪木は韓国に飛んで、現地のトップスター、パクと2連戦。10・10ソウルではパクを鉄柱攻撃で血ダルマにしてリングアウト勝ち（NWF王座防衛）

選手で、猪木の実力については「間違っても自分が勝てる相手ではない」ことを認識しており、「花を持たせてくれ」という依頼そのものも、おそらくパクの知らないところで関係者が（勝手に）行っていたと推測されるが、このときの真相も謎のままになってしまった。

闘魂シリーズ第2弾

勢いあまってパキスタンのプロレスを壊滅に追い込む

10月29日（東京・福生市体育館）から12月9日（蔵前国技館）の期間に34興行が開催され、シリーズを通してパット・パターソン、ラリー・ヘニング、リップ・ホーク、シエン・カラス、リッキー・ハンターの5選手が参加（ホークは負傷のため11月16日に帰国）。後半戦にはイワン・コロフ（11月12日から12月2

日）とウィリエム・ルスカ（12月2日から9日）が特別参加して、それぞれ猪木とビッグマッチを行っている。

コロフは12月2日、大阪府立体育館で猪木のNWFヘビー級王座に挑戦し、アルゼンチン・バックブリーカーで「あわや」という場面まで追い詰めたが、最後は猪木の逆さ押さえ込みで22分36秒に惜敗。翌日発売の東京スポーツに、試合後の猪木コメントとして「コロフは、本当の意味でパワーファイターと呼ぶにふさわしいレスラー。その点で、グラハムとか比べ物にならない恐ろしい相手だった」と掲載されていたのが記憶に残る。当時の私（19歳）は「猪木からすると、グラハムは単なるボディビルダー、みせかけの筋肉だと言いたいのだろう」と受け取ったのだが、わざわざ名前を出されて比較されたグラハムには、誠に気の毒な引用だったと思う。そのグラハムが間もなく（1977年4月）「ニューヨークの帝王」＝WWWFヘビー級王者に登りつめ、「パワーファイター」の常識、概念が大きく変えられていくことになる。残念ながらこの猪木・コロフの

12・2大阪府立で元WWWF世界ヘビー級王者、〝ロシアの怪豪〟コロフを迎撃。コロフの怪力に苦しめられながらもNWF王座を死守

2月に猪木に敗れて以後、プロレスラーに転向したルスカがショートタイツ、リングシューズ姿で再戦に臨んだ。従来の柔道技に加えてプロレス流の投げも披露（12・9蔵前）

猪木はまたもバックドロップ連発でルスカを追い込む（12・9蔵前）

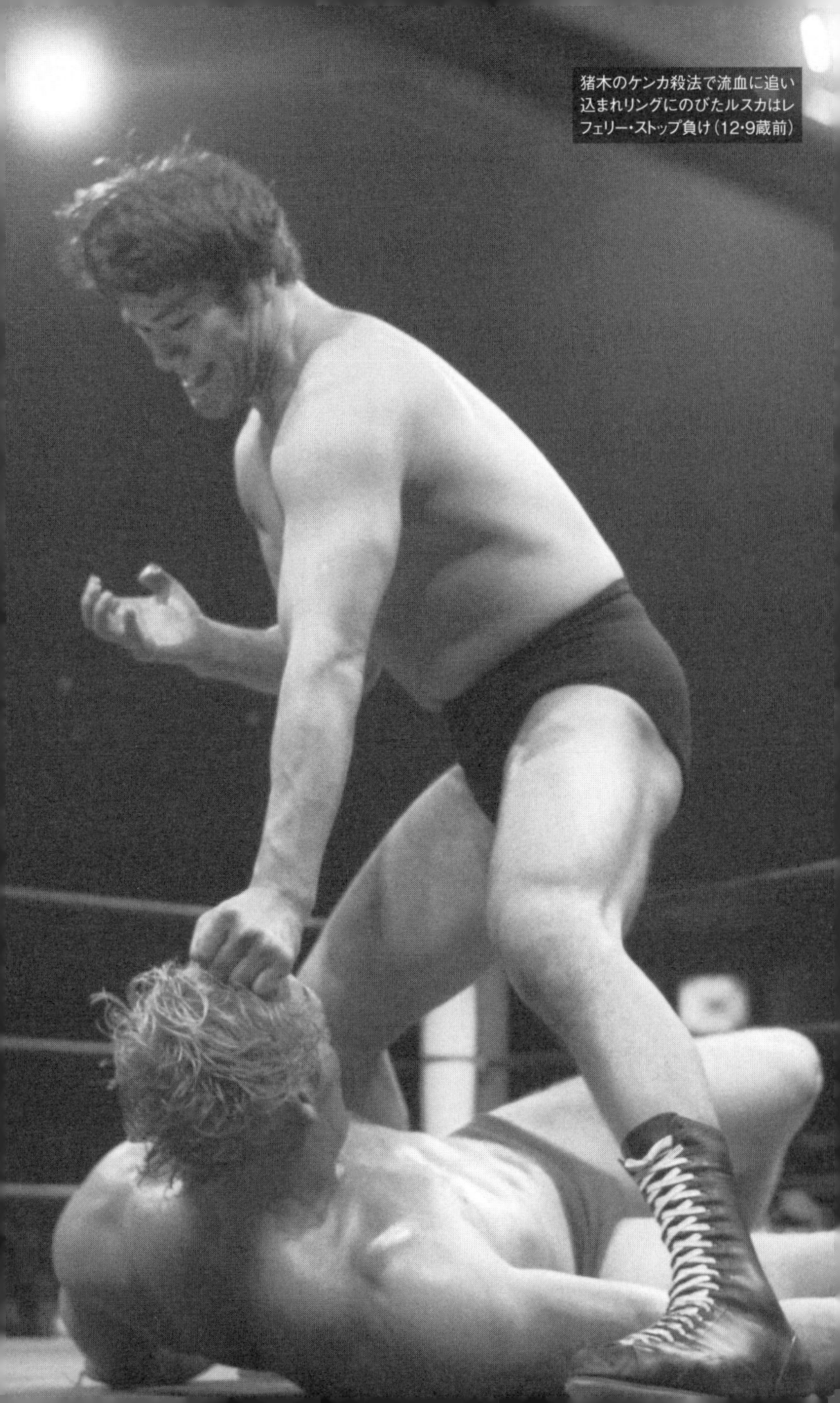
猪木のケンカ殺法で流血に追い込まれリングにのびたルスカはレフェリー・ストップ負け（12・9蔵前）

ＮＷＦ戦はテレビ朝日のアーカイブに残っていないが、コロフの最後の檜舞台となったこともあり、改めて検証したい試合の一つだ。

12月9日、最終戦の蔵前国技館ではルスカが猪木と再び「格闘技世界一決定戦」で対戦し、21分27秒、血ダルマにされてレフェリー・ストップで敗れた。ルスカは既に完全なプロレスラーになっており、この試合は赤いショートタイツで登場した。試合開始前の握手をすると見せかけて一本背負いで猪木を投げ、腕ひしぎ十字で痛めつけてハンディを負わせたが、逆に猪木の怒りに火をつける結果となった。10分過ぎにはスタミナ切れが目立ち、最後は猪木の鉄拳を顔面に食って流血、完全ＫＯの状態で惨敗を喫した。２月６日の試合に比較すると雑な試合で、とても名勝負と呼べる内容ではなかったが、波乱に満ちた1年を締めくくるビッグマッチとしては及第点で、ルスカはその大役を「なんとか消化した」という感じだった。

猪木は翌日、永源、小沢、藤原を帯同してパキスタン遠征に赴いた（美津子夫人、新間マネージャーも同行）。12日にはカラチのナショナル・スタジアムで現地の英雄、アクラム・ペールワンと対戦し、3ラウンド1分5秒、ダブル・リストロックで勝利をおさめた（アクラムの左肩の関節が外されたため、レフェリー・ストップ）。余りにも有名な「カラチの惨劇」は、その後のパキスタン・プロレスに大きな影響を及ぼした。もっと端的に書けば「これでパキスタンのプロレスは終わった」のだが、６月のアリ戦が及ぼした余波という観点で言うと、「最も壊滅的なダメージを受けた」のがパキスタンのマーケットだったと結論付けることができる。１９５０年代前半から国民の尊敬を一身に集めてきた「ボロ・ブラザーズの無敵伝説」は、この日に壮絶な終焉を迎えた。

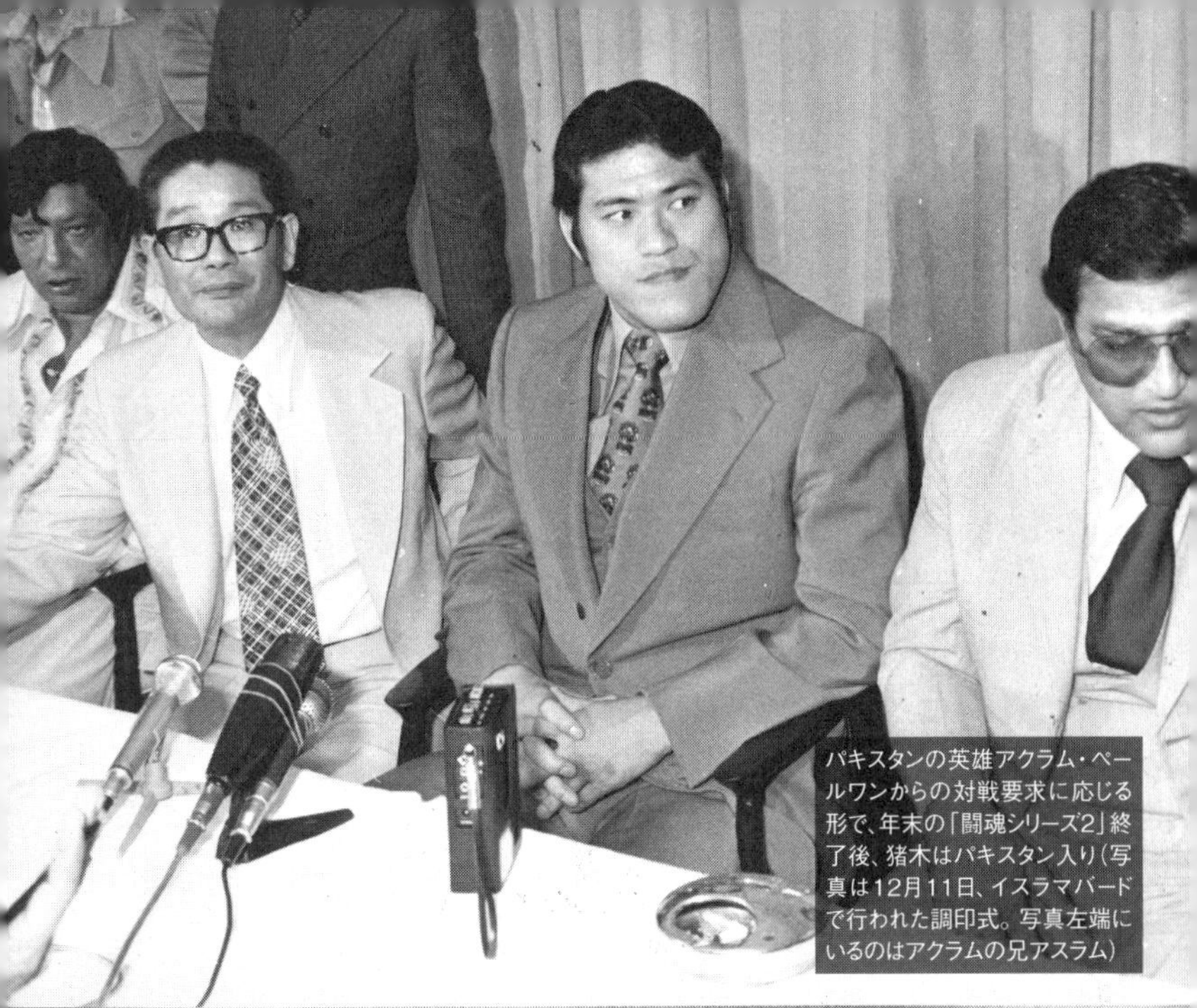

パキスタンの英雄アクラム・ペールワンからの対戦要求に応じる形で、年末の「闘魂シリーズ2」終了後、猪木はパキスタン入り（写真は12月11日、イスラマバードで行われた調印式。写真左端にいるのはアクラムの兄アスラム）

12月12日、猪木はカラチでアクラムと対戦。アクラム側の要望によりノールールマッチの様相を呈する中、ダブル・リストロックでアクラムの左腕を脱臼に追い込み壮絶勝利を飾った

1970年代前半は、猪木がNWF（世界）ヘビー級王者として最も輝きを放った時代だった（写真は1975年6・26蔵前、タイガー・ジェット・シンから王座を奪回）

流 智美（ながれ・ともみ）

1957年11月16日、茨城県水戸市出身。80年、一橋大学経済学部卒。大学在学中にプロレス評論家の草分け、田鶴浜弘に弟子入りし、洋書翻訳の手伝いをしながら世界プロレス史の基本を習得。81年4月からベースボール・マガジン社のプロレス雑誌（『月刊プロレス』、『デラックス・プロレス』、『プロレス・アルバム』）にフリーライターとしてデビュー。以降、定期連載を持ちながらレトロ・プロレス関係のビデオ、DVDボックス監修&ナビゲーター、テレビ解説者、各種トークショー司会などで幅広く活躍。主な著書は『おそろしいほどプロレスがわかる本』（白夜書房）、『鉄人ルー・テーズ自伝』、『流智美のこれでわかったプロレス技』、『やっぱりプロレスが最強である』、『プロレス検定公式テキストブック&問題集』、『新日本プロレス50年物語 第1巻 昭和黄金期』（ベースボール・マガジン社）、『魂のラリアット』（双葉社）、『門外不出・力道山』、『詳説・新日イズム』（集英社）、『東京12チャンネル時代の国際プロレス』、『東京プロレス』（辰巳出版）、『Pro Wrestling History of Japan, Rikidozan years』、『St.Louis Wrestling Program Book』（Crowbar Press）、など。83年7月創刊の『週刊プロレス』には40年後の現在まで毎週欠かさず連載ページを持ち、2023年も「プロレス史あの日、あの時」の連載を継続中。2018年7月、アメリカ・アイオワ州ウォータールーにある全米最大のアマレス&プロレス博物館「National Wrestling Hall of Fame」から招聘され、ライター部門で日本人初の殿堂入りを果たす。2023年3月、アメリカのプロレスラー OB組織「Cauliflower Alley Club」の最優秀ヒストリアン部門賞である「Jim Melby Award」を受賞（同年8月28日にラスベガスで授賞式）。

猪木戦記《いのきせんき》 **超《ちょう》マニアックな視点《してん》でたどるアントニオ猪木物語《いのきものがたり》**

第《だい》2巻《かん》 燃《も》える闘魂編《とうこんへん》

2023年 7月31日　第1版第1刷発行
2023年10月20日　第1版第2刷発行

著　者　流《ながれ》 智美《ともみ》
発行人　池田哲雄
発行所　株式会社ベースボール・マガジン社
〒103-8482 東京都中央区日本橋浜町2-61-9　TIE浜町ビル
電話　03-5643-3930（販売部）
03-5643-3885（出版部）
振替口座 00180-6-46620
https://www.bbm-japan.com/

印刷・製本　共同印刷株式会社

ISBN978-4-583-11621-1　C0075
